表达·戏谑：
青年的媒介想象

The Medium Imagination of Youth

严　亚 / 著

人民出版社

图书在版编目（CIP）数据

表达·戏谑：青年的媒介想象 / 严亚著.
—北京：人民出版社，2017
ISBN 978-7-01-017710-6

Ⅰ.①表… Ⅱ.①严… Ⅲ.①青年－传播媒介－研究
Ⅳ.①G206.2

中国版本图书馆 CIP 数据核字(2017)第 110819 号

表达·戏谑：青年的媒介想象
BIAODA·XIXUE：QINGNIAN DE MEIJIE XIANGXIANG

著　　者：严 亚
责任编辑：阮宏波　韩　悦
出版发行：人民出版社
地　　址：北京市东城区隆福寺街99号
邮政编码：100706
印　　刷：北京市金星印务有限公司
版　　次：2017年7月　第1版
印　　次：2017年7月　第1次印刷
开　　本：787毫米×1092毫米　1/16
印　　张：15.5
字　　数：180千字
书　　号：ISBN 978-7-01-017710-6
定　　价：45.00元

销售中心：(010) 65250042 65289539

目 录

绪　论

一、研究背景与研究意义

（一）研究背景

"在任何时期，青少年首先意味着各民族喧嚣的和更为引人瞩目的部分"①，这种"喧嚣"与"瞩目"在很大程度上意味着在大众传媒中的被动地位和角色异化。很长一段时间以来，年轻人是被以成人价值观和世界观为核心的父辈文化话语来强行描述的，而非是由他们自己的语言来编码的。作为社会群体最为活跃的组成部分，青年同时也是社会生活的相对弱势群体和符号表征的焦

---

① ［美］埃里克森：《同一性：青少年与危机》，孙名之译，浙江教育出版社 1998 年版，第 12 页。

点对象。"在社会上处于边缘的，通常在符号上是处于中心的"①，正是当代青年在现实生活中的准确写照。他们对自身角色、地位和身份认知的改变努力在一定程度上反映着时代的变迁。他们对改变现状的表达欲望，体现在行为上就成为对自身角色和形象的解构与重构。新媒体技术重构的公共空间几乎向所有青年群体开放，而青年利用图像符号、青年亚文化、城市空间所实现的媒介想象在很大程度上是通过互联网络技术带来的新技术手段和技术装置来实现自我界定、自我言说、视觉呈现的，因而拥有更多个人主体的言说权利。从媒介形象建构的文献成果来看，当代青年的媒介再现呈现出娱乐化、标准化、妖魔化的趋势，性别认知方面出现对女青年性别歧视的现象，媒介建构仍以单向传播的传统媒介为主要途径。在青年亚文化领域，仍有学者简单地认为当代青年另类、张扬、叛逆的行为举止是对主流文化或支配性意识形态的抵制或反抗，而未注意到后亚文化最新研究成果所带来的启示意义。在视觉建构方面，视觉文化转向蕴涵着深刻的民主、自由的力量，尤其是新媒介所带来的技术支持，为当代青年利用图像符号、青年亚文化和城市空间来重构意义提供了强大的技术力量和更为宽容的社会氛围。媒介形象建构的缺陷、青年亚文化的发展、新媒介的兴起，为当代青年媒介想象既提供了现实动因，又提供了理论支撑，更为其目标的实现创设了技术机制。不仅如

---

① ［英］霍尔：《表征——文化表现与意指实践》，徐亮、陆兴华译，商务印书馆2003年版，第239页。

此，社会形态的更迭与青年主体性意识崛起为青年媒介想象铺设了不同以往的社会背景。

消费社会为青年媒介想象的勃兴提供了最有力的推动，也深刻改写了形象自身的运作方式。图像符号、青年亚文化、城市空间均能以商品形式出现，这使他们的媒介想象得以实现。将研究视角投向媒介想象，则会呈现出一幅有趣的画面：青年与大众传媒建构出相互差异的当代青年形象。在其过程中，建构主体各自发挥着怎样的作用，影响深度和广度各有多大，它们之间的相互作用如何发生，想象过程中显现出的意识形态是什么。对于这些问题，迫切需要得到回答，而现有文献尚未系统、全面地予以剖析，由此形成一个有待深入探讨的命题。另一方面，当代青年主动地将自身建构为图像符号与媒介事件，邀请家长、大众媒介、社会大众来进行解读。这个群体由于所处成长阶段的生理和心理特性，而对外界所建构的视觉形象有着自身的理解和体会，并通过自己的方式纠正、解构，甚至重构。《表征——文化表象与意指实践》（斯图亚特·霍尔）、《消费社会》（波德里亚）、《景观社会》（德波）、《流动的社会》（鲍曼）、《第二媒介时代》（波斯特）、《互联网政治学：国家、公民与新传播技术》（查德威克）、《视觉文化的转向》（周宪）等著作尽管未曾直接谈及当代青年群体，但仍能从中解读出新的社会形态、文化形态、新媒介技术对这个极其敏感、开放、具有强大创造力和想象力的群体所赋予的建构力量。长期以来，青年从青年问题的主体话语中缺失，青年亚文化研究者并非实践者，这种现象容易导致话语权的错位。有学者对此的结论是"长期以来，我们研究青年问题的学术体系和学术话语来自于官方和主流文化，并以此建构青年亚文化，而亚文化实践的主体恰恰是缺失的"①。显而易见，把年轻人当作社会主体去分析社会问题，就需要采用不同的话语体系和研究方法。对此，脱离所谓权威、传统的主流话语，建构新的话语方式迫在眉睫。从这个意义上说，从他人建构的媒介形象解构与重构出发，当代青年的媒介想象拥有原生的、强大的自觉意识和技术力量，这种意识和力量一旦为青年所体验和运用，旋即会对本人、家庭、学校、传媒、社会大众产生深刻的影响。同时，对青年媒介想象的认识，也有利于深入透析当代青年的所视、所思、所失。然而，现有文献较少触及这个主题，而使媒介想象问题存在理论研究不足与现实迫切需要之间的冲突，因而使本书有了较大研究价值和意义。

（二）研究意义

1. 将主题置于当代社会形态的迅速变革中，采用多种研究工具动态地展开研究，有益于前瞻性、跨学科、多角度地去把握青年媒介想象的发展趋势。

2. 从新媒介视角介入青年媒介想象的内在机制，有利于打破娱乐化、标准化、妖魔化的媒介形象的建构途径，而对新媒介的建构作用进行深入探析。

3. 摒弃大众传媒对青年媒介形象的单方面塑造视角，采用视

---

① 马中红：《2012 年中国青年亚文化研究论略》，《青年探索》2013 年第 6 期。

觉表征、青年亚文化、城市空间视角对其自我建构行为进行深入研究，有助于深入洞悉他们的媒介想象背后的真实诉求。

4. 从青年媒介想象实践中洞悉人文素养缺失的高等教育现状，进而探索高等教育发展的新路径。

二、研究现状综述

（一）媒介形象

由于媒介形象概念界定不一，本书所指的媒介形象是指被传播者媒介形象。媒介形象是大众传媒组织采用特定价值观和意识形态选择特定角度建构的特定形象。不管研究者们对待传媒文化持肯定、否定或协调的态度，人们的社会经验大都是在大众媒体的参与下构建的，并且是在媒体环境的变化中被重构的。

1. 国外研究现状

"媒介形象"研究肇始于李普曼的拟态环境假设，而这个假设受到前期理论研究的深刻影响。正是在这些理论成果的聚合作用下，"媒介形象"逐渐受到学界和业界的重视，开始朝着独立的研究领域发展。"媒介形象"作为一个正式的学术概念出现于 20 世纪 60 年代，它在有关政治传播的研究中被明确下来。约瑟夫·特雷纳曼和丹尼斯·麦奎尔对英国政选中政治领袖的电视形象及其媒介传播进行了探讨，结果发现政党的媒介形象是客观存在的。他们还发现大部分投票者采取与宣传内容对立的立场，而没有接触媒体宣传的选民比接触了这些宣传信息的人对国家重要事件的态度改变情况更少①。然而，在他们的研究中，"媒介形象"概念仅仅属于被确认的事实，其本质、作用机制、客观效果等方面尚不得而知，20世纪60年代的美国学生运动则使学者有机会充分地、深入地剖析大众传媒是如何建构不真实的真实的。美国社会学家托德·吉特林在《新左派运动的媒介镜像》一书中详述了媒体形象的概念，如《纽约时报》和哥伦比亚广播公司是怎样歪曲报道20世纪60年代的美国学生运动的，并对媒体的选择如何影响学生运动和社会政治变迁进行了细致的研究和极具穿透力的思考。他用"尽管媒体不是反映现实的镜子，……它们更像是一面哈哈镜，变窄加宽、延长和缩短，扭曲和忽略了早已存在的事物"②的结论来对揭示媒介形象的本质。随后，符号学的介入使得"媒介形象"研究进入了新的高度。意识形态在媒介形象建构中的影响开始受到学者的关注。英国学者斯图亚特·霍尔借用罗兰·巴特《神化学》中"今日神话"一文中法国黑人士兵的例子，从符号学角度分析了向法国国旗敬礼的黑人士兵这个符号/媒介形象中所隐藏的"更精妙更复杂和意识形态化的信息和意义"，强调不仅要分析直接意指层次的符号，更重要的是要深入探析

---

① J. Trenaman & D. MeQuail, *Television and the Political Image*, London: Methuen, 1961, p. 324.
② ［美］吉特林：《新左派运动的媒介镜像》，张锐译，华夏出版社2007年版，第3页。

"神话的层次"①。罗兰·巴特对这个媒介形象背后所隐藏着的丰富信息做出的精彩判断是"神话并不否定事物，……它（神话）净化了它们，使它们纯净如初，它给予它们一种自然的和永恒的合理性，它给予它们一种不是事实的解释方面而是事实的陈述方面的清晰性"②。霍尔和巴特对媒介形象含蓄意指层的分析，为此后研究增加了符号分析的新思路，这也为剖析媒介再现中的意识形态控制提供了极有力的工具。不久后，霍尔专就刊载在《星期日泰晤士》杂志奥运会特刊（1988 年 10 月 9 日）封面上的加拿大黑人短跑运动员本·约翰逊的媒介形象进行表征实践的"定型化"分析。从它陷入权力游戏的角度（霸权，权力/知识）与它的某些深入的、较无意识的效果的角度（幻想，恋物崇拜，否认）观察了它运作的精炼化、简约化、本质化、二元对立等方法。正是霍尔的卓越成果，使媒介形象研究进入到表征的政治领域，这为后续研究创设了媒介符号意义设定与颠倒、符号编码的政治与控制的研究路径。与霍尔冷静、客观的研究态度不同，帕利兹和恩特曼以极其悲观的态度将媒介报道的结果界定为"挫折失落、错误引导的愤怒、冷漠无情、政治上缺乏洞见和消极主义"③。与帕利兹等人的研究结果相类似，加姆森、克罗图、霍因斯和沙宣

---

① ［英］霍尔：《表征——文化表象与意指实践》，徐亮、陆兴华译，商务印书馆 2003 年版，第 33 页。
② ［英］霍尔：《表征——文化表现与意指实践》，徐亮、陆兴华译，商务印书馆 2003 年版，第 182 页。
③ D. L. Paletz & R. M. Entman, *Media, Power, Politics*, New York: Cambridge University Press, 1981, pp. 453 –467.

等人则从政治经济学的视角，冷静、客观地对媒介形象与社会生活的关系进行透彻的剖析。他们认为，"不容辩驳的结论是，媒介通常以一种促进冷漠、玩世不恭和静默的方式运转而不是鼓励公民的积极性和参与性"。同时，他们发现受众在接受信息时的主动力量，即"媒体文本的不确定性允许挑战者（如社会运动）提供竞争性的真实建构，并从受众那里获得支持，这些受众的日常生活可能引导他们建构不同于媒介意图的意义"[①]。值得强调的是，他们对受众解读信息时主动立场的发现为受众分析研究提供了有力支撑。

进入 21 世纪，"媒介形象"研究开始重点关注社会权力在媒介形象建构中的重要作用，并加强了对特定人群媒介再现的研究。赫尔曼和乔姆斯基从政府的宣传模式出发，深入地分析了大众传播媒介的公共意识。他们认为媒介的社会责任与公共意识是被人为制造出来的，"这种制造出来的公共意识往往和事情的真相相差甚远甚至完全相反"[②]。他们的研究结果强调，媒介真实与客观真实并不一定是完全吻合的，其原因在于意识形态和媒介机制在其中发挥着至关重要的作用。对此，麦克切斯尼直接用媒介行为背

---

① W. A. Gamson, D. Croteau, W. Hoynes, & T. Sasson, *Media Image and the Social Construction of Reality*, Annual Review of Sociology, 1992, Vol. 18, No. 1.

② E. S. Herman & N. Chomsky, *Manufacturing Consent: The Political of Mass Media*, New York: Pantheon Books, 2002, p. 35.

后的政治经济权力①来进行解读。大卫·阿什德进一步用权力关系来剖析媒介形象。他认为"社会秩序越来越成为一种经由大众媒介传播和调整的秩序"②，权力因而是对社会秩序的巩固与强化，而媒介的传播过程则是巩固和强化的实现手段。文森特·莫斯可③从现实的角度具体地描述了大众传播媒介如何在政治经济权力的调控中谨慎地运作。必须指出的是，学者们已经关注到媒介形象背后发挥关键作用的那股力量，指出媒介真实并不能简单等同于实际现实。另一方面，在前期研究成果的支撑和指引下，近年出现针对特定人群媒介形象进行描述性研究的趋势，尤以博士论文为主。如911事件后穆斯林和阿拉伯人的媒介形象对比研究④、美国旅游杂志广告女主角形象嬗变⑤、20世纪90年代英美国报纸媒体中黑人男性运动员的形象变化⑥、超人形象与法西斯主义的相关

---

① ［美］克切斯尼：《富媒体 穷民主：不确定时代的传播政治》，新华出版社2004年版，前言。
② ［美］阿什德：《传播生态学：控制的文化范式》，华夏出版社2003年版，第32页。
③ ［加］莫斯可：《传播政治经济学》，华夏出版社2000年版，第237页。
④ A. Al – Kahtani, *The Post September* 11 *portrayal of Arabs, Islam and Muslims in the Washington Post and The New York Times: A Comparative Content Analysis Study*, Washington DC, Doctoral Dissertation of Howard University, 2002.
⑤ H. E. Bowen, *Images of Women in Tourism Magazines Advertising: A Content Analysis in Travel & Leisure Magazine from* 1969 *to* 1999, City of College Station: Doctoral Dissertation of Texas A & M University, 2002.
⑥ K. R. Moffitt, *Images of Black Male Athletes in British and American Newspapers,* 1990 – 1999: *A Comparative Content Analysis*, Washington, DC: Doctoral Dissertation of Howard University, 2001.

分析①、巴基斯坦人媒介形象和美国对外政策之间关系②、CEO 媒介形象及其在财经报告中可信度研究③、黑人女性生活中的靓丽形象与自我形象间的社会政治关系验证④、在黑人心目中的黑人形象⑤等。从这些文献来看，学者们主要是对报纸、杂志、电视等大众媒体中不同人群的媒介再现现象及其成因进行了探讨。学者们认为不同媒介在建构不同人群形象上发挥着不同作用，而且时代变迁也使媒介形象的影响因素变得多元化。不可否认，这些文献对于深入剖析媒介形象的建构机制不无裨益，但却始终强调大众传播媒介对各类人群的单向度媒介再现，忽略了互联网络技术带来的新技术手段和技术装置对媒介形象建构的巨大影响。在新媒介时代，人与其生产出来的各类社会文化要素之间，已不是那种明确的主客体关系，或社会文化符号与物质世界的对应关系，而

①　K. Kreiner, *The Age of Supermen: Fascism, Democracy and the Perception of the Heroic in the Mass Media*, 1914 – 1945 *Washington DC*, New York: Doctoral Dissertation of New York, 2003.

②　Hanan Ahmad, *The media – foreign Policy Relationship: Pakistan's Media Image and United States Foreign Policy*, York : Doctoral Dissertation of York University (Canada), 2005.

③　Sandra Gates, *Media Image of the Chief Executive Officer and Financial Reporting Reliability: An Auditor And Investor Perspective*, Phoenix: Doctoral Dissertation of Arizona State University, 2006.

④　Jennifer Richardson, *Image Slavery and Mass Media Pollution: Examining the Sociopolitical Context of Beauty and Self Image in the Lives of Black Women*, Chicago: Doctoral Dissertation of Loyola University Chicago, 2012.

⑤　Yuya Kiuchi, *The Black Image in the Black Mind: The History of African Americans' access to Cable Television in Boston and Detroit*, 1963—1989, East Lansing: Doctoral Dissertation of Michigan State University, 2013.

更多利用图像符号的表征功能去解构原有话语体系，用超文本符号去消解既有的文化理念和文化类型。从这个意义上说，与新媒介时代相对应的新型媒介形象研究显得比以往任何时候都迫切。

2. 国内研究现状

我国信息化和媒介化发展起点较低、发展较晚，媒介形象研究也正处于创始阶段，相关研究成果于 20 世纪末才得以始现，如《性别的媒介形象对比研究——以电视广告为视角》① 《新时期中国典型人物"媒介形象"的变迁与突破》② 《媒介形象的研究现状及重新定义》③ 《论媒介形象及其生产特征》④ 《媒介形象内涵》⑤ 《组织的媒介形象：认知规律和影响因素分析的理论框架》⑥ 等。值得注意的是，栾轶玫于 2007 年出版的《媒介形象学导论》⑦ 一书以媒介形象为视点对媒介形象的内涵及功能、主客体及价值、生成及媒介自我形象的建构进行了系统研究，可视作媒介形象尝试作为独立学科的标志。从现有文献成果分析，青年媒介形象研究主要从三个角度展开：再现对象、再现媒介与再现指导理论。

---

①　郑智斌：《性别的媒介形象对比研究——以电视广告为视角》，《现代传播》2002 年第 4 期。

②　麦尚文：《新时期中国典型人物"媒介形象"的变迁与突破》，《新闻大学》2006 年第 2 期。

③　栾轶玫：《媒介形象的研究现状及重新定义》，《今传媒》2006 年第 9 期。

④　吴予敏：《论媒介形象及其生产特征》，《国际新闻界》2007 年第 11 期。

⑤　宣宝剑：《媒介形象内涵》，《中国广播电视学刊》2008 年第 3 期。

⑥　王朋进：《组织的媒介形象：认知规律和影响因素分析的理论框架》，博士学位论文，中国人民大学，2008。

⑦　栾轶玫：《媒介形象学导论》，中国传媒大学出版社 2007 年版。

有关再现对象的研究成果侧重从纵向和横向两根主线进行探讨。从媒介再现角度展开的研究，关注不同类型的媒体对青年媒介想象所带来的影响；而从再现指导理论展开的有关青年媒介形象研究则表现出跨学科研究的趋势。

（1）对再现对象展开的纵向和横向研究。作为媒介再现的焦点人群，青年在媒介形象上的变化在一定程度上反映着社会变迁，而通过性别和职业的对比分析则能发现媒介再现中潜隐的定型化社会认知。首先，纵向变化——媒介形象的嬗变。作为新闻报道重点关注的对象，青年的媒介形象变化反映出社会大众对这个群体认知的整体变化，如女青年媒介形象从 80 年代的道德标兵演变为到 90 年代奋进与困惑并存的世俗青年、当代娱乐话语中的另类人物，报道建构的青年创业者媒介形象逐渐清晰、多元等。如《三十年来中国女青年的形象变迁》①《〈中国青年报〉青年创业者媒介形象研究》② 《〈中国教育报〉80—90 后青年报道及变化分析》③ 等。也有观点认为青年媒体形象已从十年前的正面构造转向中性，甚至略倾向于负面构造，如《青年媒体形象建构的嬗变：以框架理论的观点》④。不管是正面报道还是负面构造，也不论是

---

① 张蓓、蒋建梅：《三十年来中国女青年的形象变迁——以媒介形象变迁为视角》，《南京政治学院学报》2013 年第 5 期。
② 李敏：《·〈中国青年报〉青年创业者媒介形象研究》，硕士学位论文，南京师范大学，2012。
③ 向喆：《〈中国教育报〉80—90 后青年报道及变化分析》，硕士学位论文，广西大学，2011。
④ 张成良、高家林、李静：《青年媒体形象建构的嬗变——以框架理论的观点》，《新闻界》2008 年第 5 期。

道德标兵还是娱乐英雄，大众媒介对青年的报道及其所设置的议程已经激发起社会大众这个群体的极大关注。总体来说，以纵向变化为主题的研究文献强调当代青年的媒介形象已随着社会变迁和媒体关注焦点转移以及青年特点的变化而多元化、娱乐化、物质化，甚至妖魔化、负面化。对这些趋势的纵深研究及其应对策略，就成为家庭、学校、大众传媒、社会大众必须共同面临的挑战。

其次，横向研究。横向研究主要在性别和职业两个维度展开。有关青年性别的媒介形象研究，将关注重点放在了女青年的媒介形象方面。作为重要的理论工具，性别研究历来注重性别歧视在男权社会中的现实表现。女青年作为男权社会中性别认知的"他者"，在部分媒介再现中成为男性主体性地位的参照对象，对其地位、角色的妖魔化能够建构出男青年或男性的强势地位，如《女青年媒介形象丑化调查与研究》[1]《女青年群体的大众媒介污名化现象探究》[2] 认为大众媒介在新闻报道中存在丑化女青年的现象。也有研究成果认为，部分媒介倾向于选择女青年负面新闻，由此丑化女青年的媒介形象，如《女青年的媒介形象塑造误区及对策》[3]。《女青年媒介形象对比分析》[4] 得出结论认为，造成男女青

[1]　叶兵、蒋兆雷：《女青年媒介形象丑化调查与研究》，《北京政治青年学院学报》2007 年第 4 期。
[2]　伍婧：《女青年群体的大众媒介污名化现象探究》，硕士学位论文，湖南师范大学，2012。
[3]　郭婷：《女青年的媒介形象塑造误区及对策》，《新闻世界》2010 年第 8 期。
[4]　郝香：《女青年媒介形象对比分析》，硕士学位论文，兰州大学，2011。

年媒介形象差异的根源在于媒介性质及定位、把关机制、从业者
素质三个方面。也有观点认为负面新闻的过度报道直接导致女青
年媒介形象的异化，强化了传统社会性别的刻板印象，如《社会
性别视角下的女青年媒介形象分析》①。值得关注的是，主流媒体
在媒介建构过程中发挥了应有作用，积极引导和正面塑造女青年
的现实形象和理想意象，既为她们"祛魅"也为其"反正"。横
向研究的另一个维度——职业，则以青年在历时性发展中的精英
身份和普通人身份为对比，指出当代青年的媒介形象主要集中在
创业者和服务者这两个角色上，充分说明公共管理者在社会变迁
中对他们的角色定位已做出现实性调整。换言之，从社会精英、
政治精英、文化精英、经济精英下沉为普通求职者、社会大众、
基层服务者和经济创业者。一方面，社会转型对青年的现实际遇
和未来憧憬造成复杂影响，青年的身份认同逐渐平民化，这反映
在媒介再现中就是"创业者"媒介形象的建构。如《我国青年创
业者媒介形象实证研究》②《〈中国青年报〉青年创业者媒介形象
研究》③ 等。另一方面，大众媒体在建构青年平民化的媒介形象
方面作用显著。如《青年就业形象的媒介呈现》④《媒介视域与乡

---

① 张志刚、汪蓓蓓：《社会性别视角下的女青年媒介形象分析》，《文化学
　刊》2013 年第 2 期。
② 陈径舟：《我国青年创业者媒介形象实证研究》，硕士学位论文，中国青
　年政治学院，2013。
③ 李敏：《〈中国青年报〉青年创业者媒介形象研究》，硕士学位论文，南
　京师范大学，2012。
④ 洪慧晨：《青年就业形象的媒介呈现》，硕士学位论文，安徽大学，
　2012。

村视域中的青年"村官"形象研究》①《主流媒体青年形象塑造的实证研究》②《青年村官形象的建构与媒体传播》③ 等。这些研究成果着眼于有关青年求职、创业艰辛历程的新闻报道，对大众媒体力图规劝青年们主动适应社会变迁、接受市场竞争法则，积极地调整从精英人群降格为普通人的心理落差的做法给予肯定。从这些研究成果来看，大众传媒逐渐建构出青年在警醒/迷茫、成功/挫折、获取/舍弃、事业/爱情这一系列二元对立关系结构中从迷茫到冷静、从稚嫩到成熟、从自然人到社会人、从求职者到成功者的媒介形象。必须指出的是，时处社会大变迁的青年媒介想象多由报纸和杂志为代表的印刷媒介建构出来，呈现出"形象建构上的妖魔化，符号重组上的娱乐化以及话语规制上的边缘化"④趋势。究其原因，语言中心建构路径在很大程度上促动了媒介的商业价值取向、新闻文本的不完整性、青年话语权的缺失。在视觉成为文化主因的视觉社会中，视觉日益拥有与语言一样的功能。它成为建构外部世界和内心自我的重要通道，视觉建构也成为当

① 施小冬：《媒介视域与乡村视域中的青年"村官"形象研究》，硕士学位论文，南京师范大学，2011。
② 侯迎忠、罗利娜：《主流媒体青年形象塑造的实证研究——基于〈中国青年报〉、〈广州日报〉、〈羊城晚报〉的内容分析》，《今传媒》2010 年第 2 期。
③ 郝向宏：《青年村官形象的建构与媒体传播》，博士学位论文，武汉大学，2012。
④ 董金权、姚成：《媒体对青年形象的建构：议题框限与传媒歧视——对近 12 年来 3651 份新闻报道样本的内容分析》，《中国青年研究》2012 年第 4 期。

代青年自我建构媒介形象的重要途径。

（2）从再现的不同媒介视角展开研究。按照数字化和互动性为核心特征来划分大众传媒媒介类型，新媒体与印刷媒介为代表的大众传媒在当下青年媒介想象扮演着不同的角色。以报纸、杂志、电视、电影、广播为表征的大众媒体，在建构青年媒介形象时更多体现的是"规训"（福柯），即主流意识形态或支配性权力话语所期望的社会角色及其社会作用。前述文献，如《三十年来中国女青年的形象变迁——以媒介形象变迁为视角》《〈中国青年报〉青年创业者媒介形象研究》〈中国教育报〉80—90 后青年报道及变化分析》《青年媒体形象建构的嬗变——以框架理论的观点》《社会性别视角下的女青年媒介形象分析》《女青年媒介形象丑化调查与研究》《女青年群体的大众媒介污名化现象探究》《〈中国青年报〉女青年媒介形象分析》《女青年媒介形象对比分析》《我国青年创业者媒介形象实证研究》《〈中国青年报〉青年创业者媒介形象研究》《主流媒体青年形象塑造的实证研究》等，都强调报纸媒介所发挥的建构作用，采用"新媒体"或"网络媒体"的部分文献也是指涉报纸新闻的网络版，与新媒体所发挥的实际作用相去甚远。不仅如此，不管是印刷媒体还是网络媒体报道，在媒介再现中都存在不同程度的歧视，其定型化的报道态度直接影响了青年媒介形象的建构。值得庆幸的是，已经有部分学者关注到这个现象，并开始进行了探讨。《我国网络媒体新闻报道中的女青年形象研究》① 发现网络媒体新闻报道中正面形象屈指可数；《媒体对青年形象的建构：议题框限与传媒歧视——对近12年来3651份新闻报道样本的内容分析》② 发现新闻媒体对青年形象建构过程中显露出较为明显的传媒歧视；《网络媒体对女青年的形象建构研究》③ 发现网络媒体对女青年的正面性解读比例有所上升，但只集中在工作议题上；《独自等待——当代大陆青春成长电影的表述策略》④ 指出大陆电影存在将青少年神化和妖魔化两种倾向。移动互联网络、大数据、云技术所产生的思维洗礼，互联网络技术带来的新技术手段和新技术装置，各种新媒介所形成的新视觉范式，使当代青年不再被动接受大众媒介建构的标准化、妖魔化媒介形象。他们渴望主动地、即时地、娱乐地建构自身形象。现有文献尚未深入地涉及青年采用互联网思维、利用新技术手段和新技术装置、运用新的视觉范式去主动地建构其形象。

（3）从媒介再现指导理论展开的研究。在传播学视角的探讨之外，社会学研究是当代青年媒介形象研究重点切入的专业视域。《三十年来中国女青年的形象变迁——以媒介形象变迁为视角》

① 奚建莹：《我国网络媒体新闻报道中的女青年形象研究》，硕士学位论文，上海外国语大学，2008。

② 董金权、姚成：《媒体对青年形象的建构：议题框限与传媒歧视——对近12年来3651份新闻报道样本的内容分析》，《中国青年研究》2012年第4期。

③ 董天策、罗小玲：《网络媒体对女青年的形象建构研究》，《西南民族大学学报（人文社会科学版）》2011年第9期。

④ 王彬：《独自等待——当代大陆青春成长电影的表述策略》，《中国青年研究》2010年第5期。

《社会性别视角下的女青年媒介形象分析》《青年媒体形象建构的
嬗变——以框架理论的观点》《女青年媒介形象丑化调查与研究》
等成果从社会学的角度对媒介形象变迁与社会变迁进行了相关分
析，也从性别视角对女青年媒介想象进行了深入剖析。这些文献
还对男权社会中女性角色和地位媒介建构的社会机制提出有益的
对策和启示。在高等教育日益普及化、大众化的当下，青年群体
如何接受社会"规训"、主动地调整认知方式和心态，以服务者、
普通大众的角色为社会和国家贡献自身价值，成为青年媒介形象
研究所要突破的政治目标。《青年村官形象的建构与媒体传播》
《框架理论下青年村官媒介形象分析》《青年就业形象的媒介呈
现》《〈中国青年报〉1995—2009 年大学毕业生媒介形象研究》
《媒介视域与乡村视域中的青年"村官"形象研究》《媒介报道中
的"青年村官形象"分析》等文献认为青年村官形象的建构与传
播"实质上是一个统筹协调公共政策与新闻传播合力共同进行群
体形象塑造的问题"①。这些成果对青年"村官"这类特殊形象或
身份所引发的身份认同和主体认知问题进行了深刻反思，就媒介
建构与主流话语所应发挥的引导作用和劝说功能提出相关对策和
建议。此外，还有其他学科对该问题进行研究的成果，如从心理
学角度分析的《媒体影响青年体像认知的阶层模式》、从思想政治
教育视角介入的《对当代青年公众形象的理性思考》等。客观地

---

① 郝向宏：《青年村官形象的建构与媒体传播》，博士学位论文，武汉大
　　学，2012。

说，学术界已采用跨学科研究方法观照当代青年媒介形象，已形成一定成果。然而，进一步探析发现，当下青年媒介形象研究的广度和深度尚显不够，多学科的交叉分析规模还不足以使此问题穷尽。随着新媒介技术的发展，数字媒体、互动媒体的影响不断深入，再加上消费社会、视觉时代、流动社会等理论研究的不断深入，媒介形象早已从单纯的传播学现象升华为超越学科界限的"整体生活"研究对象。对此，从更广阔的视角进行观照，能够更进一步提供有力的对策和建议。此外，媒介形象研究也采用解释学和文化研究的方法对特定人群，如女青年①、女性②、少数民族③、农民工④等进行了较多研究。此外，媒介和传播领域的学术会议也开始将视线投向媒介形象，积极、主动地研究媒介形象现象背后的社会机制。2012 年 12 月，第六届全国新闻学与传播学博士生学术研讨会上，"媒介文化与社会想象"为分议题之一；2013

① 张志刚、汪蓓蓓：《论媒体对女青年形象的误读》，《青年研究》2013 年第 4 期。郝香：《女青年媒介形象对比研究》，硕士学位论文，兰州大学，2011。

② 许加彪、韩青：《文化霸权视阈下女性形象的媒介建构——以 20 世纪 90 年代以来内地热播女性本土剧为例》，《陕西师范大学学报（哲学社会科学版）》2012 年第 6 期。

③ 高焕静：《差异的表征：少数民族媒介形象的符号学解读》，载《中国传媒大学第六届全国新闻学与传播学博士生学术研讨会论文集》，中国传媒大学 2012 年版。张媛：《模糊的"他者"：非民族地区的少数民族媒介形象再现——基于《北京日报》少数民族报道的分析（1979—2010）》，《浙江传媒学院学报》2013 年第 1 期。

④ 万小广：《转型期"农民工"群体媒介再现的社会史研究》，博士学位论文，中国社会科学院，2013。

年 7 月，中华传播学会在辅仁大学召开中华传播学会年会暨第九届媒介与环境国际学术研讨会，其主题之一就是"个人媒体、社群媒体、'微'文化与公共性"；2013 年 12 月，中山大学传播与设计学院和中山大学社会学与人类学学院举办了以"新媒体与新人类"为主题的首届媒介人类学论坛。

　　尽管"媒介形象"研究逐渐受到各方关注，其社会影响也日益扩大，研究广度和深度有了一定提升，但不得不看到目前的研究尚存一些问题。其一，概念不明确，所指含混不清。在当前的研究成果中，媒介形象的界定不明确，以致使用混乱。不管是媒介组织自身的形象，还是大众传播媒介所建构的被传播者形象，即媒介再现的形象，都使用"媒介形象"概念，导致所指不明。这个问题产生了国内相关研究中同一概念却出现所指对象不同的现象。相对来讲，国外论述大众传媒机构自身形象的研究成果较少，学者更多关注的是对被传播者媒介形象的研究，如阶级、性别和种族等人口统计变量的媒介再现研究。"一个可能的原因是，西方大众传播媒介组织自诞生之日起即面临市场经济环境，没有经历过'非市场经济环境'这个社会历史阶段，致使'企业品牌'与'企业形象'这两个互为联系而又有着不同内涵的名词在完全市场经济条件下难以有效区分；另一个可能的原因是，西方经济学、管理学、公共关系学等领域的研究有比较明晰的细分，以至于传播者媒介形象这个比较中观的话题被传播学领域的研究者所忽视"①。其二，研究成果尚未观照传媒领域的迅猛发展，导致先进理论的指导意义缺失。目前，传媒领域的媒介融合、4G 升级、三网融合等现象构成了大众传媒发展的宏观背景，使媒介概念的内涵和外延均发生极大变化，由此推动媒介形象内涵发生巨变。然而，目前的相关研究拘泥于传统思维，媒介形象建构仍以印刷媒介为主，没有积极、主动地迎合传媒的发展趋势，导致理论研究落后于业界实践的发展速度而呈现出明显的滞后性。其三，该领域的研究成果滞后于媒介技术，尤其是新媒体技术所产生的社会影响。以互动性和数字化为核心特征的新媒体，如网络媒体、交互式数字电视、手机媒体等已快速介入社会生活的各个角落改变着人们的生活方式和交往模式，而目前的媒介形象研究主要从印刷媒介和电子媒介所构成的"播放型传播模式"② 或单向型传播方式的视角出发进行剖析，研究的前沿性和前瞻性不足。其四，研究思路呈现明显的线性思维，忽视了媒介再现对象所拥有的主动力量。现有研究在分析被传播者的媒介形象时，无限夸大了媒介的建构力量，而未对被传播者的能动性做出深刻探讨。这本身就是一种学术研究中的媒介偏见。在相关理论中，斯图亚特·霍尔提出的协商式解码和对抗式解码与建构主义观点③、约翰·费斯

---

① 宣宝剑：《媒介形象》，中国传媒大学出版社 2009 年版，第 13 – 14 页。
② ［美］波斯特：《第二媒介时代》，范静哗译，南京大学出版社 2000 年版，第 3 页。
③ ［英］霍尔：《表征的运作》，载［英］霍尔：《表征——文化表象与意指实践》，徐亮、陆兴华译，商务印书馆 2003 年版。

克提出的生产者式文本①，甚至美学领域的接受美学观点，都在强调受众或文本阅读者，亦即本书所涉媒介再现对象的"解释"②权力。不仅如此，福柯提出的"权力来自下面"主张，德赛图的"弱者的战术"论点，都为媒介文本意义的重构创造了解释路径。从这个意义上说，从媒介再现对象视角探究该群体对媒介形象的认知、理解与具体实践，如在媒介文本处理中的意义解释机制、心理—行为反应、重构行为等进行深入分析，将使媒介形象研究更趋完善和深刻。

由于媒介形象涉及大众传播组织、机构自身的形象与经由大众传媒塑造的形象两种类型，即传播者媒介形象和被传播者媒介形象，本文中的媒介形象特指被传播者媒介形象。根据被传播者与大众传媒组织的关系，"可以把被传播者媒介形象划分为主动被传播者媒介形象、部分主动被传播者媒介形象和被动被传播者媒介形象三大类"③，而青年群体由于其边缘化的社会地位、掌握较少的社会资源而缺失足够的话语权。对此，青年媒介形象归类为第三类，即"被动被传播者媒介形象"。这个归类的另一原因涉及青年亚文化、弱势群体对主导文化和社会权力结构的象征性反抗，青年群体倾向于在符号表征上呈现另类、张扬、前卫的特征，两方面原因使得这个群体极易被大众传播媒介所关注，成为媒介再

---

① ［美］费斯克：《解读大众文化》，南京大学出版社 2001 年版。
② ［英］霍尔：《表征的运作》，载［英］霍尔：《表征——文化表象与意指实践》，徐亮、陆兴华译，商务印书馆 2003 年版，第 33 页。
③ 宣宝剑：《媒介形象》，中国传媒大学出版社 2009 年版，第 146 页。

现、建构甚至妖魔化的对象。被动传播者媒介形象是指"那些完全非公众人物、弱势群体、自然事物等类的被传播者媒介形象，其形象主体几乎完全不具有对大众传播媒介的影响力和控制力，在大众传播媒介组织对其形象再现的过程中处于完全被动的地位"①。有学者从媒介再现角度对媒介形象进行了界定，如"某人、某组织或某事物'在媒介上的形象'，也就是人们对于被大众传播媒介组织再现的人或事物认知信息的总和"。同时，根据再现双方的对立关系划分为主动被传播者媒介形象、部分主动被传播者媒介形象和被动被传播者媒介形象三种类型②。从该定义分析，基本要素的缺失，导致界定不够准确和明确，建构主体、建构意图、话语背景、所使用的媒介或载体、建构内容、建构客体、建构结果等要素均无法从中判知。基于媒介再现的形象视角，媒介形象的概念有必要分析"谁""为什么""在什么情况下""用什么手段""建构了什么""对谁建构""建构结果"等方面的内容。它们也是概念界定的基本要素。从这些基本要素着眼，本书将媒介形象界定为：在特定的意识形态支配下，大众传媒机构或组织利用所拥有的媒介资源，在特定权力结构中通过大众传播媒介对特定社会群体进行媒介再现而从中获益，并引导社会大众对这些群体产生预期的感受和行为反应。简言之，媒介形象就是由他人出于各种利益考虑对特定群体建构的定型化形象。由该定义可以

---

① 宣宝剑：《媒介形象》，中国传媒大学出版社 2009 年版，第 146 页。
② 宣宝剑：《媒介形象》，中国传媒大学出版社 2009 年版，第 13 – 14 页。

看出媒介形象的基本特性：它主要存在于传统大众媒体和部分新媒体中，中心化主体单一，理性、单向的传播过程因为缺少受众或被传播者的作用力量而形成霸权关系，建构者与被建构者的地位是不平等的。

（二）后媒介形象

互联网络带来的新技术手段和新技术装置已经使青年人，尤其是渴望表现、勇于尝试新鲜事物的青年自觉或不自觉地利用这些技术手段和装置解构主流意识形态和商业文化所建构的标准化、刻板化的媒介形象，同时主动地建构他们自己的视觉形象。面对这种变化的媒介环境，已有学者进行关注并展开了探讨。首先，"后媒介"的起始时间和内涵。后媒介首先是一个时间维度上的相对概念，它是相对于口语媒介（或称为前媒介）、印刷媒介和电子媒介而言的。就所包含的媒介形态来说，后媒介强调以互联网络为核心的一种通信途径。谷月娟认为，"从时间跨度上讲，后媒介时代应该始于 20 世纪末网络的盛行，主要媒介形态是以网络（Internet）为代表及一切数字移动通信手段"①。也有学者从媒介环境对个体社会化进程所造成的影响出发，将当下的媒介影响用"手机人"② 概念来指称手机所带来的跨媒介体验及其对生活方式的重大改变。遗憾的是，学者们对"后媒介"概念的外延和内涵

① 谷月娟：《后媒介时代的公共领域研究》，硕士学位论文，北京邮电大学，2006，第 17 页。
② 朱志勇：《从"电视人"到"手机人"，我们的后媒介生活》，《光明日报》2014 年 5 月 10 日。

没有进一步明确，也没有及时、动态地将最新发展的新技术手段和新技术装置，如移动互联网络、大数据、可穿戴式多媒体设备等囊括入内，因而对"后媒介"引发的社会现象缺乏有效、即时的分析。其次，后媒介时代的传播特点。凭借互联网络和移动互联网络为支撑的新技术装置，后媒介表现出与口语媒介、印刷媒介、电子媒介不同的信息民主特征。黄若涛认为"后媒介"时代是"广播/电视等电子媒介后形成的以互联网和移动手机媒体为主要传播工具的媒介时代"①，其特点表现为公民话语权的增大、媒介传播与人际传播的结合、制订有效的判断标准和有力的推动机制、主流媒体传播与新媒体传播的互动。然而，后媒介时代对社会群体所带来的影响究竟是什么，则缺乏具体、实证的讨论，由此缺乏相关研究的理论指导性。栾轶玫从后媒介对媒体的潜在影响出发，探讨了媒体在后媒介时代应该抓住"终端"和"数字内容生产"两个机会以顺应"信息消费时代"②的趋势，但对媒介受众在后媒介时代的信息生产权所涉不多。总体来说，学者们注意到了后媒介时代信息生产和传播的新特点，但对其深刻的社会影响研究不够，导致这个概念的深层次内涵尚未显现。

"后媒介形象"是一个相对概念，是相对于"媒介形象"概念提出的。从现有文献成果来看，尚未出现共识度高、权威界定

① 黄若涛：《后媒介时代的传播特点分析》，载《第九届全国体育科学大学论文摘要汇编（4）》，2011，第499页。
② 栾轶玫：《后媒介时代：媒体的结构性机遇》，《新闻与写作》2013年第11期。

的概念或界定，对其深入的研究也暂未展开。与后媒介形象相关的研究主要着眼于以互联网络和移动互联网络为表征的新媒体则为青年提供了无与伦比的自我形象建构空间，而对"后媒介"所建构的形象涉及不多。如《中国网络数字短片中的青年影像话语研究》①《数字短片的青年亚文化特征解读》②《制作模式、媒介定位：网络影像的呈现空间与疆界》③ 关注到网络视频短片等网络影像对青年建构自我形象的技术优势，强调他们将其作为自我表达、主体性建构、强调内心感受的有力工具，但尚未直接针对青年利用互联网络技术带来的新技术手段和新技术装置所建构的媒介形象进行研究，也没有对新媒体时代中青年媒介形象自我建构的意图、手段、机制、引导策略等问题做出回应。对于这些实践的动机、过程、影响、疏导策略，尚未有深入的理论研究予以探讨。对此，实践对其理论指导的迫切需要与现有理论研究的匮乏之间的矛盾，亟待学者去解决。

---

① 吴娟：《未被"规训"的呐喊——中国网络数字短片中的青年影像话语研究》，硕士学位论文，福建师范大学，2009。
② 董天策、昌道励：《数字短片的青年亚文化特征解读——以优酷网和56网的原创数字短片为例》，《中国地质大学学报（社会科学版）》2011年第6期。
③ 徐智鹏、吕鹏慷：《制作模式、媒介定位：网络影像的呈现空间与疆界》，《当代电影》2008年第2期。

三、研究范围

本书将社会转型中的青年媒介想象行为作为研究对象，探讨当代社会青年文化的代表者——青年在当前各种社会形态的交替影响下所呈现出的媒介形象主动建构问题。对此，有必要先行界定其范围。

1. 新媒体时代

新媒体社会俨然已成为一种全新的社会形态，相关研究也深入地触及新媒体所带来的各种社会影响。但是新媒体概念目前仍未形成共识，各种定义层出不穷、莫衷一是。新媒体概念最先出现在美国哥伦比亚广播电视网技术研究所所长 P. 戈尔德马克于 1967 年提出的计划中。其后，在美国传播政策总统特别委员会主席 E. 罗斯托 1969 年呈交给尼克松总统的一份报告书里，多次使用"New Media"字眼。随后，各方对新媒体概念从不同角度进行了定义。在这些定义中，有人把近 10 年内基于技术变革出现的一些新的传播形态，或一直存在但长期未被社会发现其传播价值的渠道、载体都称作新媒体①。持此观点的人认为，互联网、网络电视、数字电视、高清晰度电视、手机电视、车载移动电视、有线

① 陈晓宁主编：《广播电视新媒体政策法规研究》，中国法制出版社 2001 年版，第 16－35 页。

电视、楼宇电视、手机短信、光纤电缆通信网、网络广播、博客、播客、数字杂志、数字报纸、数字广播、数字电影、触摸媒体等均列入新媒体。在此，有必要厘清"新出现的传统媒体"与"新媒体"之间的区别。马克·波斯特在批判"播放型传播模式"时提出一个集制作者/销售者/消费者于一体的替代模式，认为这个新模式打破三者之间的界限。在波斯特称其为"第二媒介"的替代模式里，考虑人机关系的一个重要策略就是深入探究"界面"的内涵。"界面"概念指涉人机关系乃至人际关系的相互作用，意蕴着新媒体技术所带来的民主力量和自由氛围。在这里，被表述为第二媒介的新媒体内在地包涵着互动性的技术机制。由所有人面向所有人进行的传播(Communications for all, by all)，*Online* 杂志所做的这个定义深刻地指出新媒体所应具备的本质特性。国内学者匡文波深刻地指出，新媒体的本质特征是技术领域的数字化、传播领域的互动性①。将传播领域的互动性和技术领域的数字化作为评判指标，可以发现大量"新出现的传统媒体"由于无法实现与传者交互信息的功能，甚至转变成传者的身份，因而无法称为严格意义上的新媒体。在此，新媒体概念可以界定为：利用计算机或拥有计算机核心功能的数字设备，能够充分实现互动交流与数字传播的载体。在概念层面，"新媒体"既是一个历时性概念，也是一个共时性概念，同时还是一个技术性概念。一方面，新媒体的"新"是相对"传统媒体"的"旧"界定的，它是媒介发展

① 匡文波：《"新媒体"概念辨析》，《国际新闻界》2008 年第 6 期。

的最新体现；另一方面，之所以称之为"新"媒体，关键在于新技术对它的形成与发展所发挥的核心作用。技术是新媒体发展的先驱。没有网络技术、数字技术、移动通信技术等新技术的推动，就没有新媒体的今天和未来，对技术的了解是认识新媒体的重要途径。在发展层面，新媒体肇始于互联网。网络媒体历经长期的成长，孕育了新媒体多种多样的形态，世界无数用户从中获益。从出现到现在，网络媒体的技术发展以及网络经济泡沫的破裂和重振，其形态日益丰富，新媒体对日常生活的改变更趋快速，互联网产业进一步扩展。除了网络媒体之外，以智能手机为代表的移动媒体目前也更趋成熟。尤其是随着移动互联网技术的快速发展，移动媒体的大众传播功能得到进一步拓展。

互动性和数字化在新媒体介入社会生活中扮演着至关重要的作用，也正是它们拉开了新媒体时代的序幕。正是因为互动性，信息制作者、发布者、接受者/消费者之间的界限被打破。以往的受众转变为当下的用户，而新媒体的商业特性也促使其操作的便利性或傻瓜化、界面的人性化和优美化、更新升级的快速和自主化成为日益凸显的重要特性，新媒体深入地渗透到生活、经济、政治的方方面面，成为人际沟通、自我表达、电子商务、金融交易，甚至权益维护、监督政行的重要工具。与此同时，数字技术的发展导致信息数字化、图像化、符号化，形成开放性、即时性、个性化、海量性、低成本、便捷检索的优势。这两个特征统合在视觉转向中，呈现出"技术性观视"的趋势。置于当下，新媒介成为"技术性观视"的主要载体，各种新媒介均以"视觉媒介"

形式邀约观者通过它们去观视外界和自我，去感受社会和愉悦自我。更为重要的是，新媒介不仅为人们提供更深入地观看对象的载体，还允许他们成为编码者去编码、生产信息并进行即时传播。技术性观视机制的这种改变，诱惑着时处这个时代的青年利用强大的技术力量去自我建构其社会形象，这也为"他建"媒介形象向"自建"媒介形象的转向提供了强大的技术动因。从这个意义上说，新媒体时代就是以互动性和数字化为核心特征，对社会生活、经济、政治等领域产生深刻影响，并能充分实现信息制作、生产、传播、使用/消费角色互相转换的以视觉为表征的社会发展阶段。

2. 青年的媒介想象

青年媒介形象的被动性在大众传播媒体中显现无疑，而新媒体的技术优势和民主力量使这种被动局面得以改观。随着新媒体外延的扩大及其技术的日益成熟、普及，新媒体被青年主动地用以媒介想象的可能性得到极大增强。摇滚乐、动漫、涂鸦、恶搞、快闪、山寨、Cosplay、电子游戏等现象，与拼贴、同构、戏仿、挪揄、反讽、自嘲等手段，被统合在互联网络技术带来的新技术手段和技术装置，视觉表征逻辑和快乐原则成为他们媒介想象的原则和目标。大众传媒建构的媒介形象被置换为自我建构的媒介形象，后者具有主动性、符号性、娱乐性、时尚性、开放性、快速性等特征。从这个意义上说，青年媒介想象可以界定为：新媒体时代的青年在一系列身份变化中，为了解构他人所建构的媒介形象而娱乐性、主动地运用新媒体手段对有关自身的图像符号、亚文化、城市空间进行视觉编码所形成的形象系统。根据青年在视觉文化中的现实表现，其媒介想象体现为"符号的游戏者""文化参与者""空间'他者'"三种形态。这个界定突出了以下三个方面的特点：其一，建构主动性。媒介形象是外在于青年的他人所建构的，主动性掌握在大众传媒手中；而其媒介想象是青年主动建构的形象系统，主动性掌握在青年自己手中。其二，建构意图。青年媒介形象蕴涵着或明或暗的意识形态色彩，以政治话语为主或政治话语与娱乐话语的统一；而青年媒介想象则呈现较明显的去政治化特征，去中心化和娱乐话语成为主线。其三，建构表征形式。青年媒介形象以语言建构和视觉建构相结合，而青年媒介想象则以图像表征为主，并显现出鲜明的相关性、个人价值体验、个人感受图像即时转换、视觉奇观性等特征。

四、研究对象

1. 青年媒介形象向青年媒介想象的转向。在新媒介时代，青年媒介形象的单向性、标准化等特征发生一些改变。互联网络技术带来的新技术手段和新技术装置鼓励青年主动地利用手边的智能手机、IPAD、数码相机、数码摄像机以及新近兴起的可穿戴式设备即时记录身边发生的一切，并同步上传至个人微博、个人日志、个人主页等自媒体实现即视化。如果将青年个人信息公共化和图像化的信息视作自我编码的图像文本，那么家长、学校、大众传媒、社会大众在一定程度上成为青年自我建构的图像文本的观看者和解码者。从这一意义上说，青年在某种意义上成为其媒介形象的建构主体。在此，青年自我建构的媒介形象因为新媒体的作用和影响而变得逐渐丰富、饱满。个体性、自我性、娱乐性、视觉化、即时化等特征成为青年媒介自我想象的特质。进一步分析，建构主体、建构意图、建构背景、所使用的媒介或载体、建构内容、建构客体、建构结果等要素在新媒体时代发生转变，青年媒介形象向青年媒介想象的转向正在快速实现。

2. 青年在日常生活实践中利用新媒介自我建构的媒介形象。大众传媒建构的青年媒介形象与青年自我建构的媒介形象，在一定程度上可以概括为"他建"与"自建"。新媒体赋予青年强大的解构力量，鼓励他们主动地利用互联网络技术带来的新技术手段和技术装置自我建构有异于"他建"的媒介形象。由此分析，必须对青年媒介形象自我建构实践中的关键因素进行探讨，才能深入地了解青年媒介形象"自建"的策略、途径和特征。首先，青年媒介形象自我建构充分利用图像符号来实现意义的重构，图像符号成为青年自我建构的媒介形象的表征方式。其次，青年亚文化是"自建"青年媒介形象的内容来源。青年亚文化的风格受到青年的广泛关注，"新部族""生活方式""场景"成为青年所乐于接受的亚文化基因。在这样的亚文化背景中，"自建"的青年媒介形象形成差异于主流文化的特质。从这个意义上说，青年亚文化为青年媒介形象自我建构提供丰富的内容。第三，城市空间是"自建"青年媒介形象的物质载体。进入新媒介时代，青年利用各种新技术手段和技术装置获取了城市空间的生产力量。他们把冷冰冰的城市空间转换为具有感情色彩的"场景"。换言之，他们在这个过程中把城市空间生产为充满个人风格的情感空间。以图像符号为表征方式，把亚文化作为内容来源，把城市空间视作物质载体，青年媒介想象成为一个有趣的命题，激发深入的思考。

3. 青年媒介想象引发高等教育的反思。青年媒介想象现象透射出宏观环境的深刻变化，也反映了社会转型对当代青年所产生的重要影响。对此，从青年媒介想象中探索高校教育发展的新路径，并提出相关建议，将对高校教育提供有益的参考和借鉴。

五、研究框架

本书主要内容包括以下六个部分：

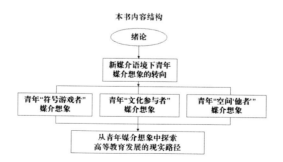

绪论。基于青年群体媒介想象的研究背景，阐述本书的研究

意义。通过新媒介时代青年群体"媒介形象"与"媒介想象"研究现状的综述，发现现有研究的不足，确定本书研究的切入点。以此为基础，明确研究思路、确定研究范围。在确立研究对象后，建立研究框架，确定研究方法。

第一章，新媒介语境下青年媒介想象的转向。青年群体利用新媒介消解大众媒介对其媒介形象的标准化建构路径，引发了青年群体媒介想象的转向：从他者建构为主导到自我建构为主导、从语言建构为主导到视觉建构为主导、从单维建构到多元建构。青年群体媒介想象的转向，可通过建构主体、建构意图、话语背景、所用媒介、建构内容、建构客体、建构结果等要素的对比来展开分析，以此来判断"谁""为什么""在什么情况下""用什么手段""建构了什么""对谁建构""社会影响"等方面的转变。青年群体媒介想象的转向，是在新的社会背景、教育背景和媒介背景中发生的。这些背景揭示了青年群体媒介想象的动因。

第二章，青年"符号游戏者"媒介想象。在新媒体时代和消费社会中，新媒体及相关技术为图像符号进入想象场域发生作用提供了有力的技术支持和社会氛围，使青年在能够把握意义生产权的同时娱乐性地进行符号游戏，其"符号游戏者"媒介想象由此形成。另一方面，青年"符号游戏者"媒介想象策略可以概括为"置换"与"符号狂欢"两个关键词。其建构途经体现为通过获取主动编码权实现日常符号的主动编码和对界限的消解。在建构过程中，"符号游戏者"媒介想象的鲜明特征逐渐显现：与日常生活具有极强的相关性、突出个人价值体验、强调个人感受的即时图像转换、凸显自身形象的奇观性。

第三章，青年"文化参与者"媒介想象。青年"符号游戏者"媒介想象，是其媒介想象的基础。符号游戏实践及其符号游戏者媒介想象还在青年亚文化领域存在。图像表征、新媒介与青年亚文化之间的密切关系，使青年"文化参与者"媒介想象得以实现。青年亚文化强调的亚文化资本、新族群、场景等概念都强调将商品和媒介作为符号资源鼓励青年群体去创造性地消费，"合谋"成为青年亚文化的基本逻辑。"合谋"的本质——利用想象地制造与主流文化的"差异"，从而使青年群体在与商品、媒介的合谋中主动介入社会文化生产实践。他们在青年亚文化领域所着力建构的"文化参与者"媒介想象呈现出矛盾而又饱满的总体轮廓：自我张扬却又物质化、反抗权威却又模糊责任、戏谑规则却又强调公平。必须强调的是，在青年亚文化中，他们与商品和媒介合作，实现"相互剥削"：通过对现实文本的选择与对大众媒介的邀约，新媒介文本创造出值得父辈、传媒、社会大众深刻思考的视觉文本场域。

第四章，青年"空间'他者'"媒介想象。进入新媒介时代，青年群体利用互联网络技术带来的新技术手段和技术装置在一定程度上获取了城市空间想象的生产力量。他们通过对城市空间的"书写"或占用、利用空间的文化隐喻，让冷冰冰的城市空间转换为具有感情色彩的亚文化"场景"，他们在这个过程中把城市空间生产为与社会权力空间所不同的个人空间，把自己建构为存在于这个空间中不同于其他人，甚至于也有异于彼时彼刻自己的"他者"。更为重要的是，实在的城市空间与互联网络的虚拟空间的结合，使青年群体的"空间'他者'"媒介想象得以完成。在各种影像媒介的浸润下，青年群体习惯于利用新的视觉经验来认识和区分城市，其都市漫游者身份嬗变为当下利用影像媒介建构其主体性的媒介消费者。从这个意义上说，青年在城市空间及其技术性观视中实现新的空间—身份生产、建构他们自己的"异托邦"，由此也主动建构了与媒介形象不同的独特形象。新媒介时代的青年群体将校园空间和城市空间重新语境化，并在其中完成他们的"空间'他者'"媒介想象：自我想象却又渴望认同、戏谑规则却又强调日常生活。城市空间"场景"化让他们在解构传统的"中心—边缘"城市结构时却又陷入商业消费主义浪潮里，由此建构出其解构空间秩序却又遵从商业秩序的媒介形象。

第五章，从青年媒介想象中探索高等教育发展的现实路径。青年群体的媒介想象现象折射出多元文化的复杂影响，引发学校、传媒和家庭的深刻思考。从学校角度分析，高等院校承担着教书育人的核心职责。但是从青年群体的媒介想象实践来看，当代高等教育还存在着一些问题。其中人文素养教育的缺失值得教育工作者、家庭、大众传媒、社会大众警醒和深思。对此，加强高等院校人文素养教育，探索人文教育发展的新路径，成为亟待解决的问题。

六、研究方法

本书采用的研究方法主要包括定性研究与定量研究两种。从这两种研究方法出发，确定明确的研究思路。

在定性研究中，主要采用文献分析、实地观察、焦点访谈三种方法。在确定研究目的和问题后，文献分析法旨在通过文献的收集、整理、解读、分析来不断概括和明晰所研究的问题。通过实地观察，在明确目的指引下利用感觉器官去记录青年的态度和行为。焦点访谈法强调同时访谈若干个青年，通过与他们的集体座谈来了解其在媒介形象自我建构方面的真实想法和具体做法。同时，以一定的量化信息为基础，定量研究方法强调描述、解释和预测研究对象，通过逻辑推论与相关分析，提出理论观点。本研究采用的定量研究方法涉及内容分析法、个案研究法，其基本程序为：建立研究假设——选定研究方法——收集、分析数据——得出结论。

根据这两类研究方法，确定具体的研究思路。第一，定性研究和定量分析相结合。对媒介形象、青年媒介形象、青年媒介想象等概念的定义及其学科归属进行准确界定，并对其他感官通道所形成的形象概念进行辨析，由此对"新媒体时代青年媒介想象"研究确定明确的定性研究途径。在定性分析的同时，形成若干假设并通过内容分析和个案研究等方法获取特定数据，继而利用相关软件或工具进行分析来获取有效数据，并得出结论。

　　第二，宏观观察和微观分析相结合。从宏观和微观层面分别对当代青年媒介想象行为进行分析。在宏观层面分析，消费社会、流动的现代性、仿像空间、视觉文化转向、新媒介时代等物质现实、社会思想和文化、技术的介入，加上社会转型、主体意识提升、消费者身份固化、信息图像化、社会交往介质化等因素的推动，社会、大众传媒、学校、家庭、个人对当代青年形象的建构出现诸多变化，其中，图像化、数字化、即时化趋势显现明显，视觉传媒的作用至关重要。在这个过程中，当代视觉传媒的视觉文本不可避免地隐藏着社会权力结构的意识形态，渗透着成人社会的价值观和世界观。与此同时，当代青年所拥有的媒介素养和信息意识又使其有一定能力抗拒单向性、顺序性的视觉文本。从这个意义出发，以视觉媒介想象为切入点深入地探讨传播者和受众在其中的作用和地位以及相互作用，将有利于解析当代青年媒介想象的影响因素、过程、效果以及发展趋向。从微观层面分析，微电影、网络游戏和 SNS 游戏、微博、视频等新媒介形式，除了强化权力阶层意识形态外，同时也使当代青年出现解构和重构被他人所赋予的视觉形象的现象。在这过程中，出现异化趋向，如伪娘、同性恋、自杀、恶搞、丑化等。这些现象能否视作是当代青年抗拒主流意识形态的实际做法，或者仅是自我表达、凸显个性的娱乐追求而已。此外，在当代青年想象的过程中，视觉表征符号隐藏着什么话语，它们所隐含的知识、权力、真理是什么，这些话语所建构的主体－位置怎样使当代青年与其他群体进入特定位置，并受制于相关规则，进而成为其权力/知识的主体。种种疑问，为选题设定了明确的研究路径。

第三，历时性比较和共时性概括相结合。对题目所处环境展开系统分析，以期通过环境的变化进行不同环境中青年媒介形象的历时性比较，从中判知在新的环境中青年媒介形象自我建构机制的特点和发展趋向。同时，对前述分析结果进行共时性概括，对新媒体在建构当代青年媒介想象的作用、机制、过程、方式等方面形成实践、指导作用，从而为引导当代青年媒介想象提供系统、科学、深刻的方法体系。

第一章
新媒介语境下青年媒介想象的转向

"始于文艺复兴和科学革命，现代性经常被认为完全是以视觉为中心的。"① 视觉成为当代文化的主因，媒介形象发生着从概念想象向视觉形象的转向。马丁·杰的论断为青年媒介想象研究提供了深刻的启示。从实践来看，青年的服饰、行为举止、体育运动、身体展示，经由网络媒介带来的新技术手段和技术装置传播、分享，实现图像化、线上化、即时化的意义确定。荧光色系的流行服装，军训服的另类改造，透视装，利用各类废旧材料制作的创意时装等等让青年在服饰方面呈现明显的视觉差异性。毕业照中的性别反串、裸装、露腿、民国风、黑色丝袜、幽灵僵尸、民工等造型，具有强烈恶搞意味的寝室文化，大胆、张扬的校园

---

① Martin Jay, *Scopic Regimes of Modernity, Vision and Visuality*, edited by Hal Foster, New York: New Press, 1999, p. 3.

求爱，以及快闪和各类行为艺术等等，让青年的校园生活迥异于社会其他群体而形成明显特色。青年所乐于尝试的街头篮球、跆拳道、街舞、跑酷、轮滑、滑板、山地车、登山、户外暴走等体育运动，因其鲜艳的服饰色彩、高难度的即兴动作、赏心悦目的潇洒姿势以及节奏强烈的音乐伴奏而受到观者的瞩目。纹身、人体彩绘、彩妆、美容、整容、瘦身等身体消费行为，使身体本身被青年编码为符号而建构出反社会规训的震惊意味。不仅如此，青年将他们在服饰、行为举止、体育运动、身体展示等方面的日常生活瞬间、细节、过程，通过互联网络技术带来的新技术手段和技术装置即时地图像化、网络化、公共化。这个过程因为显示出与父辈文化、传媒文化、城市文化的差异，而成为主流文化所关注的社会事件或社会现象。可以认为，这些差异标志着青年渴望摆脱外界强加给他们的标准化、定型化的社会认知，而更倾向于利用新媒介技术力量来重构自己的形象。从这个意义上说，大众传媒所建构的青年媒介形象，所呈现出的标准化建构模式、单向度建构思维、强制式建构意识、语言建构路径被新媒介时代的青年所打破。在这样的背景下，青年媒介想象发生着转向。

一、青年媒介想象的转向

作为青年群体中最活跃、最富创造力、最敢于打破陈规的人群，青年对新媒介拥有极强的敏锐嗅觉和接受能力。新媒介所具有的社会交往功能也使得这个人群的人际沟通形式和内容发生极大变化，这些变化孕育着青年媒介想象发生变化的积极因素。从现实情况来看，青年媒介想象在新媒介时代的变化主要体现在以下三个维度。

（一）从他者建构为主导到自我建构为主导

从青年媒介想象的主体来看，大众传播媒介在前互联网时代占据着主导地位。从报纸、杂志到广播、电视，青年作为媒介报道中的焦点，历来是议程设置的重点对象。青年在日常生活中的言行举止，对社会事件的所感和所思，对国家民族大计的意见和态度，无不受到大众传媒的密切关注。在媒介再现过程中，青年形象出现了一些异化现象。标准化和定型化的媒介再现模式把青年群体塑造为千篇一律的普通人、社会服务者、消费者。在一些媒介报道中，甚至出现了妖魔化的趋向。女青年被骗、毕业生啃老、沉溺网络游戏、考试受挫自杀、赌博、考试作弊等新闻报道只要贴上"青年"的标签，总能产生广泛的社会争议，又一次盛起对高等教育、家庭教育、素质教育的非议。从议程设置来说，大众传媒所建构的媒介形象在一定程度上决定着人们去思考的内容。正因这样，有关青年的负面报道更容易形成显著、生动的印象，进而成为人们社会认知的重要线索。在这样的认知规律中，对青年的负面报道形成人们判断青年整体行为发生频率的主要依据，由此产生青年媒介形象的总体建构。概括地说，大众传媒通过其议程设置，采用选择性的报道内容，在一定程度上导致青年媒介形象的形成。从这个意义上说，青年媒介形象是由大众传播媒介建构的。换言之，青年媒介形象是"他建"的。

　　不管怎样的媒介再现态度和立场，大众传媒对青年的媒介报道都是从成人社会和成人话语的角度进行的。他人建构的媒介形象，或称为"他建"媒介形象，更多强调成人社会对青年的规则和要求，而较少考虑青年作为社会主体所拥有的主体性意识和创造力。这样的媒介再现角度在建构主体、建构意图、话语背景、所用媒介、建构内容、建构客体、建构结果等要素上得到充分体现。青年在这个建构过程中处于被动和失语的状态。进入新媒介时代，互联网络技术带来的新技术手段和技术装置改变了这种状态，青年在媒介想象中逐渐变得主动、活跃起来，在一定程度上也掌握了自身媒介形象建构的话语权。从青年所拥有的新技术手段和技术装置分析，图像和影像是他们最擅长使用的符号形式，这也是他们在其服饰、行为举止、体育运动、身体展示等领域实现媒介想象的主要途径。从青年亚文化分析，风格是他们极力追求的独特标志。从空间呈现分析，城市空间则是青年媒介想象的主要空间载体。在新技术手段和装置的利用中，图像、青年亚文化、城市空间为青年的媒介想象提供了丰富的形式和内容。这些有利条件为青年媒介想象奠定了坚实的基础。在新媒介社会，青年善于利用各种新技术手段和新技术装置，实现图像化、线上化、即时化的视觉表达和人际沟通，如数码相机、手机、Ipad、DV 和微博、微信、陌陌、QQ 等自媒体以及其他各种社交网站等。于是，通过各种终端产品和各种社交软件以及 APP 软件实现他们在互联网络和移动互联网络中的视觉想象。正如国内学者所关注到的那样，"这（新媒体青年恶搞文化）是由媒介、事件和社会现实等各种层次的符号共同组成的一个不断衍生的'超级文本'，它取消了符号能指和所指的差别，让现实世界和想象世界不再区隔"①。这个超级文本不再由大众传媒独家建构，而是积极鼓励掌握新技术手段和新技术装置的青年也参与其中。在这样的环境中，青年的主动性和积极性被极大地激发出来，他们介入到各种层次、各个领域、各种主题的媒介想象中。青年媒介想象的趋势越来越明显，青年媒介形象"他建"向"自建"的转向日益明晰。

（二）从语言建构为主导到视觉建构为主导

语言作为线性、拥有稳定特质的符号，形成显著的理性建构原则。通过这种线性的、结构的或逻辑的阅读建构出理性、中心化与稳定、固定身份的主体，因而语言往往与理性观念联系在一起。在语言建构中心路径中，青年媒介形象依赖大众传媒通过印刷文化特有的语言符号进行信息编码，并邀请读者进行概念想象。在相关文献中，青年媒介形象也多来自于文字想象——概念文化（与视觉文化相对）的建构，而以印刷媒介为主的媒介报道成为青年媒介形象建构的主要途径。当下，信息数字化、可视化已经成为视觉范式的典型表征。"从不可见到可见性"② 已成为当代视觉范式的重要发展成果，它意指社会生活的开放性和透明性。当代青年的社会生活呈现普遍的视觉性，从抽象情感的符号化表达

---

① 曾一果、李立：《超文本奇观与符号游戏——对新媒体青年恶搞文化的媒介文本研究》，《浙江传媒学院学报》2013 年第 2 期。
② 周宪：《视觉文化的转向》，北京大学出版社 2008 年版，第 44 页。

（如 QQ 表情、情感类电视节目）到书面语言的图像化表现（广告创意、多媒体呈现、文字艺术加工），再到社会事件进程的打破时空界限的实时传播（战争过程网络直播、社会事件的手机视频录制和传播、生活细节的网络传播）。这样的现象无不验证着视觉化生活的逻辑，青年与社会生活的关系被各种新技术手段和新技术装置视觉化了。视觉化的社会生活为当代青年媒介想象创设了理想的视觉空间，邀请他们以建构者的身份介入，主动意图在这里彰显无遗。新媒介的民主力量和自由氛围将印刷文化中被动再现的客体提升为主动建构的主体。青年对社会公平和争议的渴望、对社会事件的个人评判、对社会事实的主观感悟、对个人身份的理想塑造、对自我表达的情感诉求都在新媒介里实现了视觉化再现。更重要的是，新媒介赋予了青年将其个人化事件即时转换为公共事件的强大力量，甚至引发公共舆论的广泛关注而将其发展为产生较大影响的社会新闻、民生事件。在此，作为媒介想象主体的青年在一定程度上拥有了公共媒体的力量。此外，抽象具体化、语言图像化、过程即视化成为视觉媒介想象的显著特征，而青年媒介想象的主动意图在新媒体时代得以极大激发。作为更具张力的建构形式，图片、影视、微电影、微视频、网络游戏等影像符号动态、感性、娱乐化地激发着他们的媒介想象，由此产生独特的身份构建。

语言建构转向视觉想象，既是青年媒介想象实践的文化背景，也是青年打破能指和所指之间固化关系、为图像符号生产新意义的探索过程。在这个过程中，一切可用的符号均被他们用来为能指生产新的所指、建构全新的意义。从这个意义上说，青年媒介想象实质上是图像意义的解构和重构过程。

（三）从单维建构为主导到多元建构为主导

在他者建构为主导与语言建构为主导的维度中，青年媒介形象显现出明显的单维建构导向。在他者建构为主导的建构维度里，大众传媒成为青年媒介形象建构的决定力量，青年本身所拥有的意识和思维被人为弱化。尽管也存在电视、广播、杂志等途径，但必须承认的是，印刷文字仍然是大众传媒建构青年媒介形象的基本手段。在语言建构为主导的维度中，印刷文字则把主体建构为理性的自主自我，建构成文化的可靠阐释者，他们在彼此隔绝的情形下能在线性象征符号之中找到合乎逻辑的联系。在互联网络技术带来的新技术手段和新技术装置影响下，单维建构导向也出现向多元建构为主导的转向。就建构主体来说，曾经由大众传媒主导的建构场域发生改变，青年也加入到自身媒介形象的建构——媒介想象的行列中来。就建构手段来说，除了印刷文字外，图像和影像也成为媒介形象建构的重要工具。"相较于语言，图像则感性得多，意义的传递显得更为复杂和含混。"[①] 正是这种所谓的"复杂和含混"，暗示青年媒介想象手段的多元化趋势。与建构手段直接相关的是，用以建构青年媒介形象的媒介也从单一的印刷媒介扩展为层出不穷的各种新技术手段和新技术装置，如自媒体和智能手机、数码相机、数码摄像机以及各种可穿戴式智能设

---

① 周宪：《当代视觉文化与公民的视觉建构》，《文艺研究》2012 年第 12 期。

备等。同时，还应该看到，青年媒介形象曾经赖以形成的宁静、单纯、封闭的校园生活被打破，当下的青年充分利用身边的一切资源实现着他们的媒介想象、建构着他们自身的媒介形象。就表征形式来说，图像成为其媒介形象的主要表征形态。就表征内容来说，青年亚文化为青年媒介想象提供了丰富、时尚的全新来源。就承载空间来说，校园空间和城市空间成为青年建构其自身媒介形象的"场景"。总体来说，从单一的印刷媒介到视觉至上的新媒体，从曾经的概念想象到现在的视觉呈现，从大众传媒标准化建构的被动客体变为主动建构其自身媒介形象的主体，青年的媒介想象变得逐渐丰满、复杂、动态。单维建构导向向多元建构主导的转向，也愈发清晰、明确起来。

二、青年媒介想象转向的要素分析

更多的技术和手段随着网络媒介的发展被不断开发和利用，如网络视频、微电影、Flash 动画、在线游戏、动态相册、多媒体视觉软件以及微博、微信、陌陌、QQ 等即时沟通软件等。掌握这些技术的青年不再囿于单一的表达方式，而是运用多媒介手段收放自如地投身于其媒介想象过程中。正是借助于新媒介的技术优势，青年媒介想象呈现出鲜明的视像化趋势，而这也与视觉文化的转向相一致。如青年利用微博进行自我表露以建构良好的自我形象。实证研究结果表明，青年的微博自我表露动机越倾向于

"记录"，那么将会表露更多的"客观描述"和"感性情绪"类内容①。"自我表露"内含图像化的青年媒介想象路径，而自我表露的内容则涉及与青年日常生活密切相关的所视、所思、所失。从网络恶搞、网络流行用语、网络自拍等用于自我表露的新媒介运用实践来看，青年的媒介想象实践得益于新媒介所拥有的视觉表征功能。这些视觉表征功能的发挥，依赖于青年充分利用各种图像符号、青年亚文化和城市空间来实现。从这个意义上说，图像符号、青年亚文化、城市空间成为青年媒介想象的表征方式、内容来源和物质载体，也正是它们使青年媒介想象的视觉转向得以实现。青年媒介形象向青年媒介想象的转向，可通过建构主体、建构意图、话语背景、所用媒介、建构内容、建构客体、建构结果等要素的对比来展开分析，以此来判断"谁""为什么""在什么情况下""用什么手段""建构了什么""对谁建构""社会影响"等方面的转变。

1. 建构主体

媒介形象的建构主体，即"谁"来建构的问题，是要回答媒介形象建构主动权掌握在谁手里的问题。英国文化研究的杰出代表人之一、曾任伯明翰大学当代文化研究中心（CCCS）主任的斯图亚特·霍尔认为大众媒介的首要文化功能是"提供并选择性地

---

① 易红发、肖明、周楠：《青年微博的自我表露与自我期望形象研究——基于印象管理论的 SEM 实证研究》，载《传播与中国·复旦论坛（2013）——网络化关系：新传播与当下中国论文集》，复旦大学 2013 年版，第 279 页。

建构了'社会知识'、社会影像，……透过这些，我们也才通过想象见过他们的及我们的生活，使之合并为可资理解的'整体的世界'"①。社会媒体对人们施加着深刻影响，媒体能量得以更大释放，传统媒体和新媒体的影响力无处不在，甚至影响社会生活、介入日常生活。它们已经是社会整体生活的重要构成要素。无论是传统媒体还是新兴媒体，积极参与社会生活的重要策略之一，就是与大众文化结盟而形成媒体文化，以刺激感官的快感来讨好社会大众，粉碎了概念文化的想象魅惑和形而上学的传统。对此，英国学者尼克·史蒂文森做出了精彩判断："许多现代文化是依凭大众传播媒介来传达的。……这已深刻地改变了现象学意义上的现代生活经验，以及社会权力的网络系统。"② 媒体文化在此强调社会生活媒介化是社会发展的必然趋势，生活在社会关系中各色人等的媒介观照也成为一种存在方式。从这个意义上说，大众传播媒介扮演着媒介形象建构主体的角色，它们对社会生活的媒介观照正是媒体文化的核心权力，由此引出传媒与权力的关系。基于这样的立场，美国学者格雷丝·赫钦格和弗雷德·赫钦格将大众传媒与青年人形象间的关系做出了深刻的判断："正是通过大众传媒，青少年的形象和渴望在瞬间被标准化、被扭曲化了。印刷文字、电视屏幕、电影，以及……唱片工业，它们……传播给美

---

① ［英］汤林森：《文化帝国主义》，冯建三译，上海人民出版社 1999 年版，第 119 页。

② ［英］史蒂文森：《认识媒介文化》，王文斌译，商务印书馆 2001 年版。

国青少年。"① 考察意识形态和权力话语与媒介间的关系，必然关注媒介中心主义观点，即大众传媒是所有权力机制中的核心机制，它决定着中心或主流/边缘的位置关系。正是在大众传播媒介的作用下，整体世界被媒介化为被建构的社会，人们首先生存于媒介现实中。

与他人为了各种利益而对青年进行外在建构的媒介形象不同，青年的媒介想象是青年为了追求娱乐快感而将所视、所思、所失建构为图像符号的表征系统，从而将自身建构为流转于各种"界面"中的视觉形象。这个过程得益于新媒体时代网络技术建构的新公共空间几乎向所有人开放的信息环境。这样的信息环境为青年提供了最为自由、宽松的逃避主流文化压抑的"庇护所"。在这种环境中成长起来的当代青年，往往更擅长表征似乎完全属于内心自我的感性世界，而非公然地"抵抗"存在于现实中的社会文化，更不愿意与父辈文化、精英文化、传媒文化产生直接的、正面的冲突与对立。外部的优越环境与内在的自我表征之间的结合，使横亘在主流与次属中间的严格界限被打破，主体与现实间的人文关怀被阻隔，甚至常常消解现实与虚拟的逻辑联系，将现实虚拟化、虚拟现实化。在被消除了界限的世界里，"数据""图像""多媒体视频"等技术特征在一定程度上与现实的社会交往互相渗透，互动、复制、仿真和拟像的虚拟空间与现实空间彼此重叠，

---

① Grace Hechinger, Fred Hechinger, *Teen - age Tyranny*, New York: Morrow, 1962，转引自陶东风、胡疆峰：《亚文化读本》，北京大学出版社 2011 年版，第 328 页。

由此导致他们对外部社会的关注与对自我内心的表达相互交融。青年在一定程度上脱离媒介形象建构的范围而在全新的社会环境、技术氛围、叙事形态中实现其媒介想象。

2. 建构动机

大众传播媒介观照社会大众及其相关的社会事实和社会知识，必然涉及"为什么"，即建构动机或意图的问题。拉斯韦尔认为，能够在社会中产生并广为传播的价值观构成维系社会网络整体的意识形态①，从而道出媒介价值观与意识形态的本质联系。在现实层面，依靠传播来维护权力成为统治阶级意识形态发生作用的核心机制。在新闻报道中，这种权力维护意图得到直接体现。社会学家甘斯提出，新闻本身不仅仅囿于对真实的理解和判断，它还包括价值观。或者说，明显带有偏好的陈述和表述。在不断总结中，他确定了八种持久的新闻价值观：民族中心主义、利他的民主、负责任的资本主义、中庸主义、秩序、领导素质、小镇田园主义、个人主义②。从宏观到中观、再到微观，涉及政治生活、经济生活和社会生活的各个层面，这也反映出由意识形态支配的媒介观照的广泛性和深入度。正是基于这样的理解，社会学家塔奇

① ［美］赛佛林、坦卡德：《传播理论——起源、方法与应用》（第五版），郭镇之、徐培喜等译，中国传媒大学出版社 2006 年版，第 278 页。
② H. J. Gans, *The Messages Behind the News*, Columbia Journalism Review, January – February, 1979, pp. 40 – 45，转引自［美］赛佛林、坦卡德：《传播理论——起源、方法与应用》（第五版），郭镇之、徐培喜等译，中国传媒大学出版社 2006 年版，第 285 – 288 页。

曼认为新闻是对真实的社会建构①。在看似公平、公正、正义的媒介叙事中，意识形态所倡导的价值观通过传播过程以自然化、先验性的形态发挥作用，维护政治、经济、社会秩序。媒介形象正是通过大众媒介传播这样的价值观来实现的。不难发现，传统媒介，无论是印刷媒介还是电子媒介都是从主流意识形态和政治话语的视角来对当代青年或青年形象进行正面、积极的建构。当代青年在大众传媒面前以被动的、客体的姿态被建构出自然化的、去政治化的媒介形象。如青年影视形象，是对其原型的艺术再现，充斥着意识形态的鲜明价值观。W. J. T. 米歇尔对此做出的判断是"一切形象都是意识形态形象"②，有力地揭橥出所有形象都无法摆脱意识形态的桎梏。他甚至用"新闻就是电影的另一种形式，反之亦然"③的极端论断来描述电影的宣传功能。近年有关青年主题的国内影视作品也反映了当代社会的主流意识形态，以"中立"的姿态呈现进而排斥其他有异于这个标准的意识形态。服务者、普通人、消费者的身份转向在当代电影中得到体现。《天那边》（2007）、《女青年部落》（2007）、《美丽的山茶花》（2011）、《鲜花盛开的田野》（2012）、《山路弯弯》（2012）等影片突出了农村支教、青年村官、西部志愿者等主题，通过奉献/索取、成熟

---

① ［美］赛佛林、坦卡德：《传播理论——起源、方法与应用》（第五版），郭镇之、徐培喜等译，中国传媒大学出版社2006年版，第288页，

② ［美］米歇尔：《图像理论》，陈永国、胡文征译，北京大学出版社2006年版，第366页。

③ ［美］米歇尔：《图像理论》，陈永国、胡文征译，北京大学出版社2006年版，第366页。

/幼稚、农村/城市、发达/落后等二元对立关系以及戏剧冲突建构出当代青年的服务者形象，其人生价值唯有服务于他人、社会和国家才能得以体现的理想想象。《我的实习生活》（2007）、《与梦相约》（2008）、《中国合伙人》（2013）立足于青年求职、创业的艰辛历程，力图规劝青年们主动适应社会变迁、接受市场竞争法则，积极地调整从精英降格为普通人的心理落差。警醒/迷茫、成功/挫折、获取/舍弃、事业/爱情这一系列二元对立关系建构出从迷茫到冷静、从稚嫩到成熟、从自然人到社会人、从求职者到成功者的普通人形象。值得关注的是，当下部分电影时尚化、国际化、个人化趋势建构出青年消费者身份，这是对主流意识形态的某种偏离，但却引发青年的身份认同。国内电影中青年的消费者形象或多或少是作为负面"他者"而对立地建构的，但国外电影却更多地通过隐藏在或时尚、或诡异、或浪漫、或温情、或轻松的戏剧情节中的"炫耀性"消费行为而吸引青年观者形成身份认同。

在以阶级意识形态为主因的社会中，人才培养以建构符合统治阶级意志的意识形态为重心；进入市场经济意识为主因的社会与文化中，人才培养则脱离开意识形态的桎梏而转向身份建构。概括地说，当下人才培养正经历着意识人向身份人的转向，而当代青年的"身份人"身份建构是在系列转变过程里实现的。首先，从生产者变为消费者。工业化、都市化和市场经济的高速发展，使生产力急剧提升、商品极为丰富，城市人口的快速集中提供了强大的市场需求，而市场经济则为交易双方提供了稳定、平等的契约环境和永无止境的消费欲望。消费社会由此产生，其本质特征是生产性行为被消费性行为所取代。从中国现实来看，也存在着以劳动生产导向的理性原则向以休闲娱乐为中心的快感文化的更迭。"……从中国当代社会的发展来看，则有一个从革命理想主义向世俗消费主义的转变，这其中还包括了从传统社会的节俭伦理向小康社会消费意识形态的转变。"① 在这类转变中，"主体的形象是抽象的、分离的，因而只能在它周围世界中寻找可以为之定型的对等物、同类、身份认同等参照物"②，主体的抽象认知不可避免地转向具象的物质参照，商品当之无愧地成为消费社会中完美的参照物。消费原则对生产原则的取代和主体的商品参照倾向，使当代青年身份的抽象认同在一定程度上依赖具体可感的商品。正是通过具象的、对象化的"主体"参照物，青年才得以真切地感受到自己的存在，并明确认知自我与他人、群体、社会的关系。这一系列快速转向，在青年身份认同上首先体现为他们从生产者变为消费者。其次，精英变为普通人。如将1999年大学扩招作为界限，之前的阶段大学生身份呈现出精英化特征。从政治学逻辑分析，在计划经济和行政体制为基本特征的社会阶段，统招统分制度保证了大学生的干部/精英身份，因而他们更容易成为政治精英。在社会学逻辑上，极低的高考录取率使得绝大部分应考者被淘汰而将非常有限的教育资源提供给他们，从而使得高等

---

① 周宪：《当代视觉文化与公民的视觉建构》，《文艺研究》2012年第12期。
② ［美］霍米·巴巴：《他者的问题：刻板印象和殖民话语》，载罗岗、顾铮主编：《视觉文化读本》，广西师范大学出版社2003年版，第226页。

教育呈现出精英化取向。优质、稀缺的高等教育资源则使大学生拥有更多向上社会流动的机会。按经济学逻辑考量，大学生作为专业人才是现代经济和城市工业发展的主要后备队伍，也是主要劳动力市场的重要来源，因而拥有更高概率的精英职业选择机会。1999 年伊始，大学扩招则使高等教育进入大众化阶段，既有的精英化格局被打破。政治精英"统分"规则被废除，公务员、教师职业将高考与资格获取分开，单独采用资格考试来选拔人才，其他职业资格也采用国家统一资格考试来认定。社会精英则拥有更多的向上流动机会，高等教育不再是唯一的途径。社会转型和新技术革命则更为直接地为经济精英的涌现提供更多的路径。去精英化成为当代大学生面临的普遍语境，从而导致当代大学生的身份焦虑。再次，主人翁身份转向服务者身份。在 1999 年大学扩招前，大学生精英身份在公共管理领域体现为国家和社会的主人，大学思想政治教育隐含主人翁意识培养目标。这与当时的政治、经济和社会特征相符。这个目标映射出 1977 年恢复高考后的考选制度所建构的向上社会流动通道。这种主人翁身份使大学生能够整体进入财富、权力、社会声望一体化的强势阶层，进而使其成为国家精英。随着统招统分制度被打破，大学生精英身份的制度保障被消除。高等教育大众化趋势，则将高等教育资源进行了优劣区分，精英身份的建构也日益与极少数优质教育资源相关，由此形成大学生的身份分层。在身份分层语境中，精英集中化和非精英泛化的现象同时并存，并使被标签化为非精英的多数大学生普通化为服务者身份。学者于建嵘对此强调，三十多年的改革开放，知识青年这个群体出现极大分化，一部分人被利益结构化，转变为占据社会主导地位的知识精英联盟；另一部分人则被"去利益结构化"，逐渐变为底层的知识青年群体。他们欠佳的处境使其可能产生"愤青"意识，对抗主流价值观，对未来社会发展产生深远的影响①。对此，国家决策机构采取各种手段进行合理疏导和有效管理。"大学生服务西部计划""在校大学生服务社会主义新农村建设""三支一扶"等国家主导项目充分表明公共管理者对当代大学生的身份定位。他们的身份就在这种定位中产生了两极化的认知。从生产者变为消费者、精英转变为普通人、主人翁成为社会服务者，这些身份的变化导致大学生的集体焦虑。具体体现为对前途的憧憬与迷茫、对未来的向往与困惑、对就业的希望与彷徨、对爱情的渴望与畏惧之间的交织。这些相互交织的复杂感受在网络技术传播中被迅速地转化为利用拼贴、同构、戏仿、挪揄、反讽、自嘲等手段"生产"出来的自我想象。如果说大众传媒所建构的媒介形象强调娱乐话语与政治话语的融合，青年的媒介想象则有意实现它们的疏离，使其产生某种张力。官方话语与民间解读、正式叙事与恶搞自语、宏大语境与微观场景、完整结构与碎片拼贴等二元对立结构显现于当代校园中，形成一种既对立又统一、既相互排斥又彼此共存的独特现象。对当代青年的媒介想象来说，也存在着官方体制和市场化运作的二元结构及其二者间的张力。在这种张力中，大众传媒建构当代青年媒介形象

① 于建嵘：《底层知识青年将改变中国》，《瞭望新闻周刊》2010 年第 4 期。

的单一局面被打破，青年凭借新媒体技术充分地实现媒介想象的
场景得以出现。

3. 建构背景

媒介形象在什么样的话语背景下建构的，涉及到媒介形象生
产的特定话语是什么的问题。1988 年，美国加州大学圣芭芭拉分
校电影系教授及科际整合中心主任迪克·赫迪伯格在其《隐于灯
光之后：青年监控和展示》一文中强调：从历史上看，有关青年
人的照片可分为两种不同的，但又互相依存的再现领域："惹麻烦
的青年人"和"爱玩的青年人"。前者大多数出现在维多利亚时
代，后者则出现于 20 世纪 50 年代的消费浪潮中。他对此专门强
调，青年的照片是根据意识形态利益被历史地创造出来的①。以青
年人的照片为表征，赫迪伯格强调的正是社会背景对媒介形象建
构的重要影响，或者说媒介话语对媒介形象建构的作用。相对于
大众传媒建构的媒介形象，媒介形象产生于前互联网时代，即马
克·波斯特所谓的"播放型传播模式"时代。在那个时代里，电
影、广播、电视、报纸、杂志等成为建构社会真实的主要媒介，
它们的单向性传播特性导致建构/被建构、建构者/被建构者的二
元对立结构。前者对后者的权力和压制体现为议程设置式的单向
信息流动。在这种信息流动中，权力关系呈现出媒介话语的特性：
"一组陈述，这组陈述为谈论或表征有关某一历史时刻的特有话题

---

① ［英］利萨·泰勒、安德鲁·威利斯：《媒介研究：文本、机构与受众》，
吴靖、黄佩译，北京大学出版社 2005 年版，第 45－46 页。

提供一种语言或方法"①。话语生产了话题，定义和规定共同知识中的各种客体，把控着话题所能被有意义地探讨和谈论的途径，因此话语不可能真正实现客观地再现现实。从这个意义上说，话语是带有意识形态倾向性的对社会现实的再现，因而是一种权力意志的体现。意义及其生产实践就是在话语范围内被建构的，媒介形象则是在相应的媒介话语中被建构的。在媒介所呈现的内容和对观看主体设置的方位和角度中，所暗藏的观看权力话语显现为共同知识的形式，即眼光的有关理性的、科学的、审美的原则。这些原则对观看者采用哪种身份去看、站在哪个位置去看、怎么去看、偏好看哪些内容、提供哪些景观进行价值判断。这在福柯看来，就是所谓的"排斥"机制：哪些观看方式或话语是能够被接受的，同时对对立领域大加排斥从而实现话语权力。从"播放型传播模式"的内涵，即"为数不多的制作者将信息传送给为数甚众的消费者"② 来看，媒介形象的建构实际上是媒介话语资源失衡的体现，大多数资源被掌握在少部分人手里，后者因此成为话语及其规则的制定者和评判者。在媒介话语资源拥有者那里，能指和所指的关系被固化、话语规则被操控、话语生产出主体。媒介再现对象是由大众媒介"生产"出来的，并被赋予特定的意义。话语则使这些意义进入话语体系成为再现的社会事实。青年

---

① ［英］霍尔：《表征的运作》，载［英］霍尔编：《表征——文化表象与意指实践》，徐亮、陆兴华译，商务印书馆 2003 年版，第 44 页。
② ［美］波斯特：《第二媒介时代》，范静晔译，南京大学出版社 2000 年版，第 3 页。

标准化、定型化、妖魔化的媒介形象由此产生。

如果将意识形态和社会话语视作福柯提出的"规训"概念，那么意识形态导向的文学作品、影视作品、新闻报道建构出的媒介形象为现实中的青年提供了各种思维模板和行为范式，利用特有的艺术技巧和现实价值劝诱着他们去认同和效仿。然而，新媒介时代的到来，赋权于当代青年解构强加给他们的身份和形象，并为重构奠定了技术基础和意识途径。"第二媒介时代"在形式上消除了技术障碍，打破信息制、受间的绝对界限，传统的信息接受者或信息消费者在这种技术环境里转而成为新媒体技术手段和技术装置的使用者和推动者，由此成为信息制作者—接受者之间博弈的某种平衡力量。这形成当代青年媒介想象的重要技术条件。另一方面，哲学面向以后现代性为鲜明特征，充分地显现了它对现代性的某种抵抗和质疑。"后现代性强调多样、异质、差异、偶然的小叙事来对抗、解构意味着极权主义、菲勒斯中心主义、同一性等宏大的压制性力量的现代性。"① 在这里，前者被定义成对后者的某种胜利。"瞬间""局部""日常的事件"等要素解构了整体的宏大叙事结构，而让生活化、速度化、碎片化的日常生活现实询唤着真实、全面、琐细的自我认知。按照这个逻辑理解，以微电影、微博、微公益、微视频为表征形态的"微"时代非常强调对冰冷、理性、规则的解构和规避，从而在青年中获得内心

----

① 张慧瑜：《视觉现代性——20 世纪中国的主体呈现》，人民出版社 2012年版，第 13 页。

的认同、迸发出强大的生命力。技术面向的民主力量和哲学面向的解构特征，为当代青年提供了自我情感表达、参与社会文化、寻求自我认同和社会认同的技术源泉和思想动力。

4．建构途径

媒介形象是通过什么媒介或途经来建构的，涉及"使用什么工具"的问题。大众传媒建构的媒介形象是在"播放型传播模式"中实现的，指涉大众传播媒介，即印刷媒介和电子媒介，主要包括报纸、杂志、书籍、影视、广播等。在这种传播模式中，制作者、销售者、消费者的角色是各自分离的，信息制作者较少而信息消费者众多的特性使这些媒介拥有"权力/知识"关系，因为"既不存在离开某个知识领域的相互关联的结构的权力关系，也不存在任何不同时预想和构造各种权力关系的知识"①。这些权力/知识关系最典型的体现，就是印刷媒介的语言建构和电子媒介的视觉建构。这些媒介通过视觉话语规则来实现思想观念、价值观念、社会群体的定型。视觉话语规则就是福柯所提到的排斥机制，它在传播过程中凝结为"定型化"效果："对'差异'加以简化、提炼并使'差异'本质化和固定化"②。"差异"就是大众传播媒介所关注并在媒介再现中制造的，这些差异生产出"他们"与"我们"的不同，或"我们"／"他们"的二元对立结构。"它

①　［法］福柯：《惩罚与规训》，刘北成、杨远缨译，生活·读书·新知三联书店2007年版，第31页。
②　［英］霍尔：《"他者"的景观》，载［英］霍尔编：《表征——文化表象与意指实践》，徐亮、陆兴华译，商务印书馆2003年版，第261页。

（定型化）用符号确定各种边界，并排斥不属于它的任何东西。"①
就在排斥机制和定型化实践中，媒介再现被人为地划分为排斥的
和受欢迎的两个部分，所排斥的进一步被定型化为"差异"的
"他者"。在这个逻辑中，印刷媒介的语言建构和电子媒介的视觉
建构统合在建构者向被建构者的单向性传播过程中，产生媒介霸
权，由此形成媒介形象的权力/知识关系。

　　只有可见的世界才是能被理解的世界，衍生出视觉话语和视
觉性问题的深刻思考。"现实的社会关系是通过各种各样的视觉话
语被再生产出来，因此，对视觉话语的建构性的思考，也就是对
视觉性本身的思考。"② 可见，人与自我、人与人、人与社会的关
系在视觉时代经由视觉生产出来，视觉建构悄然改变着身份构建
的生发机制。"视觉性就是主体通过自己的视觉行为对其社会关系
的再生产"③，在这里，社会关系的视觉性再生产，体现为当代青
年通过新媒体技术手段和基数装置来界定自我身份与社会认同的
过程。在语言中心主义中，"他建"的青年媒介形象依赖信息制作
者利用语言符号进行信息编码，并邀请受众进行"概念"想象。
在相关文献中，青年形象也多来自于文字想象——概念文化（与
视觉文化相对）的建构，即以印刷媒介的相关报道为主要素材进
行形象建构。"因为文字不足以说明画面的精神内容，它只是还很

---

① ［英］霍尔：《"他者"的景观》，载［英］霍尔编：《表征——文化表象
　　与意指实践》，徐亮、陆兴华译，商务印书馆2003年版，第261页。
② 周宪：《当代视觉文化与公民的视觉建构》，《文艺研究》2012年第12期。
③ 周宪：《当代视觉文化与公民的视觉建构》，《文艺研究》2012年第12期。

不完美的艺术形式的一种过渡性工具"①，所以进入图像占据文化主因的视觉时代，语言符号的静观韵味被影像动态的直观震惊所取代。后者与快乐原则、快感体验、快速观看存在紧密联系。在视觉文化中，人们从趋近图像到为图像所困，人与图像的关系充分体现出役物逻辑，形象成为控制主体的手段和方式。在这种文化趋势中，当代青年媒介想象更以图像符号来实现。作为更具张力的表征形式，图片、微电影、网络视频、网络游戏等图像符号被用来动态、感性、娱乐地建构着他们的视觉形象，由此产生独特的身份认同。如果说新媒介技术是青年媒介想象的技术手段，那么日常生活符号则被他们用来进行意义的解构与重构。在当下，一旦进入理解和消化的层面，一切客体、现象、活动均可以作为符号成为意义建构的对象。身体、时尚物品、仪式、性别、姿势、情感、数字信息、城市空间、服饰搭配等均被青年作为符号，或建构意义，或在解释的过程中解构、重构意义。他们不仅在现实生活中将意义建构的触角伸向各种符号，更在虚拟空间中打破能指与所指的关系、强化含蓄意指层的神话色彩。其间，青年亚文化、城市空间及其图像表征发挥着媒介想象功能。青年对图像符号的利用与将自我编码成图像符号这两个过程体现出的他者自我化和自我他者化；他们对城市空间的视觉化占有、媒介化把握、情感性再现实现了空间人格化和人格空间化。这些过程在新媒体介质中获得完美的整合，他们的媒介想象也在整合中跃然呈现。

---

① ［匈］巴拉兹：《电影美学》，中国电影出版社 1979 年版，第 28 页。

5. 建构内容与建构客体

"建构内容"和"建构客体"涉及到"建构什么""对谁建构"的问题，即媒介再现内容和再现对象。在印刷媒介和电子媒介中，建构媒介形象的介质主要是报纸、杂志、书籍、电影、电视、广播。它们所涉的广泛的内容尤以新闻最具标本意义，本书利用新闻选择来予以说明建构内容的内涵。从本质上讲，新闻选择就是对能构成新闻的事实的选择。新闻选择的主体是大众传媒组织或机构，由此可以发现通过新闻来建构媒介形象的主体是各级各类传媒组织。新闻事实包括新闻价值、宣传价值、审美价值等内隐要素。不过，新闻的传播价值中最主要的仍然是它的新闻价值[①]，由此构成新闻选择标准。新闻选择标准在框架理论中得到充分诠释："框架涉及选择和凸显，框架一件事，就是选择所感知的现实的某些方面，并使之在传播文本中更加突出，用这样的方式促成一个独特问题的界定、因果解释、道德评价以及如何处理的忠告。"[②] 从框架的界定来看，新闻选择权掌握在大众传媒手中。尽管强调按照受众的价值取向来实现新闻选择，但"通过选择某些故事而舍弃其他故事而进行的……"[③] 揭示新闻事件以意识形态价值观为选择依据，新闻机构对新闻事件和内容的选择拥有决定权，而非真实事件本身的特性。因此，媒介再现，实质就

[①] 童兵：《理论新闻传播学导论》，中国人民大学出版社 2000 年版，第 53 页。

[②] R. M. Entman, Framing: Toward Clarification of a Fractured Paradigm, *Journal of Communication*, 1993, 43(4), p.56.

[③] ［美］克兰：《文化生产：媒体与都市艺术》，赵国新译，译林出版社 2001 年版，第 15 页。

是媒介生产的问题。换言之，大众传媒如何观照现实、规范受众对其的理解。正是基于这样的逻辑，媒介生产或媒介再现成为信息遮蔽的过程。一部分社会事实因符合意识形态价值观而被"选择和凸显"，而另一部分社会事实则被遮蔽。从社会变迁视角考量，从社会精英、主人翁转变为普通人、服务者，青年媒介形象被祛魅，这一现象标示主流意识形态的变化。与建构内容紧密相关的是，在新闻专业主义准则中建构客体或新闻关注的人群，往往以民生的名义集中在特定群体上。新闻行业的专业意识形态与社会角色分工构成新闻专业主义的二重属性，但在专业操守和职业信仰的掩盖下，新闻专业主义却具有某种程度上的功利色彩。"从传播政治经济学的视角来看，新闻专业主义是一种媒体企业经营管理的理念与方式，但为了掩盖其高度功利性的实际功能，它通常被标榜为新闻业的职业操守和最高信仰。"[1] 在现代管理思想介入新闻机构设置和新闻制播体系后，"无论是哲学、媒介产业本身的价值立场还是各种社会力量的介入与渗透，都直接否定了新闻客观性的客观存在"[2]。尤其是进入传媒行业激烈竞争的时代，如何提升公信力、获得受众注意、影响大众决策成为新闻报道的要义。因此，新闻报道对特定群体的过度关注、风险传播中对风险事件的夸大和对潜在受害者的过度关注、政治传播过程对"阶

---

[1] 胡翼青、汪睿：《新闻专业主义批判：一种传播政治经济学的视角》，《现代传播》2013 年第 10 期。

[2] 胡翼青、汪睿：《新闻专业主义批判：一种传播政治经济学的视角》，《现代传播》2013 年第 10 期。

层固化"① 的潜意识引导，都导致特定群体的新闻报道和传播过程在"生产线"上被标准化地制作、广泛传播。在此，可以看出，大众传媒宣称以社会公益和社会公平为己任，实则奉行利益至上原则。"在社会上处于边缘的，通常在符号上是处于中心的"的论断，反映出新闻关注力度与社会地位的反比关系，也由此建构出与"我们"存在差异的"他者"群体，而正是这些差异生产出意义。青年群体正是媒介所建构的"他者"之一，他们与"我们"的差异生产出意义，并形成所谓的新闻价值。于是，"媒体对青年进行报道过程中存在着较为明显的歧视和偏见，具体在形象构建上对青年进行妖魔化……"② 在新闻专业主义态度的背后，远不止客观性那么简单，而是隐藏着对媒介竞争中的优势地位、政治传播中的强势立场、受众中的公共知识分子形象的强烈诉求。

在新媒介时代，青年更青睐于使用以互联网络技术为代表的各种新技术手段和技术装置去表情达意，将其媒介想象呈现于各种媒介中。借用米歇尔的论断，青年的媒介想象在一定程度上呈现出"符号"与"身体"和"世界"的复杂关系。从"符号"来说，在视觉时代、消费社会、媒介社会、城市文化等社会文化环境中，媒介和商品为青年提供各种各样的符号资源并鼓励甚至诱使他们在消费行为中发挥创造性作用。媒介和商品成为青年再

① 杨继绳、张弘：《正在固化的社会阶层》，《社会科学论坛》2011 年第 12 期。
② 董金权、姚成：《媒体对青年形象的建构：议题框限与传媒歧视——对近 12 年来 3651 份新闻报道样本的内容分析》，《中国青年研究》2012 年第 4 期。

现他们自己的符号资源，媒介产品和消费商品成为他们争夺意义生产权的物质手段。时尚服饰、纹身、Cosplay、另类发型、流行用语、手势、照片（自拍）、视频所建构的图像符号以及它们经由新媒介所生成的网络图像符号，就成为自我再现或主动建构形象的表征形式。从符号与青年的关系分析，他们的媒介想象首先体现为符号的游戏者。"身体"作为亚文化"风格"的载体之一，在青年亚文化中占据着重要地位。将视线投向"身体"所处的青年亚文化，亚文化资本、新族群、场景等概念都强调将商品和媒介作为符号资源鼓励青年群体去创造性地消费，"合谋"成为青年亚文化的基本逻辑。从"抵抗"到"合谋"，揭橥当下的青年亚文化"缺乏那种'抵抗'型亚文化的反叛性，而成为身份政治的'自恋'式表演"①。"'自恋'式表演"一语道破后亚文化群体意欲何为，也道出了"表演道具"的来源——对主流文化的参与欲望。青年在与商品和媒介的合谋中逐渐建构出"文化参与者"形象。在当下的青年亚文化中，青年并非被动地被大众传媒建构媒介形象，也并非被动地、盲目地消费商品，而是在风格展示中充分利用媒体和商品等符号资源进行意义的再生产，青年的媒介想象在青年亚文化领域呈现出社会文化参与者的形象。"世界"首先体现为青年身居其间的城市空间，城市空间与"身体"之间在传统的空间话语中形成固定的身份政治关系。在新媒介时代，青年

---

① ［英］班尼特、哈里斯编：《亚文化之后：对于青年文化的批判研究》，中国青年政治学院青年文化译介小组译，中国青年出版社 2012 年版，总序第 17 页。

打破了这种身份政治关系，并通过对城市空间的征服建构了他们自己的媒介形象。通过对城市空间的"书写"或占用、利用空间的文化隐喻，冷冰冰的城市空间被转换为具有感情色彩的后亚文化"场景"，青年在其中尽情狂欢。更为重要的是，实在的城市空间与互联网络的虚拟空间的结合，使得青年媒介想象从有形变为无形、从有限变为无限、从静观变为奇观，"空间'他者'"的青年媒介想象在城市空间中得以建构。

与建构主体相对应，青年媒介想象的客体是青年自身，他们成为自己运用新媒体技术"生产"的对象。媒介形象是大众传媒组织以意识形态为导向进行差异化"他者"建构的结果，其实质是社会权力结构中优势力量对弱势力量的外在建构，具有较强的强制性和被动性；与其相反，青年媒介想象则是青年对他们自己主动建构进而实现社会文化参与的过程和结果。在将媒介和商品视作符号资源的文化语境中，青年打破被动的、从属式的标准化媒介形象建构，把媒介和商品当作一种可以充分利用的文化资源。青年在这个过程中主动、积极地改变其所指意义，利用图像符号表征他们自身的感受和诉求，深入挖掘青年亚文化资源来丰满其媒介想象，同时将城市空间重新语境化来承载其自建的媒介形象。值得重视的是，他们将自身的想象诉求、文化参与欲望、快乐话语操纵渴望寄托于互联网络技术带来的新技术手段和技术装置。他们穿梭于现实生活与虚拟生活之间，演绎着现实虚拟化、虚拟现实化的快速转换。这个过程引发了社会的广泛关注。从这个视角看去，青年利用互联网络技术带来的新技术手段和技术装置实现的意义生产，很大程度上来自于图像符号的生产与传播。智能手机、Ipad、数码相机、数码摄像机以及新近兴起的可穿戴式设备等技术装置，QQ、微博、微信、陌陌、论坛、贴吧等自媒体手段，优酷、56、新浪、雅虎等视频网站，都被整合为覆盖广度和传播深度极大的超现实空间。这个空间出于社会效益和经济利益的考虑鼓励所有人作为信息制作者和共享者上传信息、建构意义。作为社会整体结构中最活跃的群体，青年在这个这个超现实空间中将其所视、所思、所失通过图像符号进行视觉建构，利用青年亚文化进行风格夸张，重构城市空间的隐喻。图像符号在这个过程中被重构为他们媒介想象的视觉表征。拼贴和同构也好，挪用和消费也罢，青年亚文化不过是青年媒介想象的内容来源。城市空间经过重新语境化的意义生产，其隐喻也被青年用来改写，它已然成为青年媒介想象的空间载体。

6. 建构结果

作为建构结果，媒介形象是受众在媒介传播过程中所产生的主观感受和行为反应。前述若干有关媒介形象构成要素的分析，即建构主体、媒介话语、建构动机、客体、所使用的媒介、内容等综合作用所形成的产物就是媒介再现的结果。大众传播媒介在一定意图支配下在特定媒介话语中利用使用印刷媒介和电子媒介对特定群体进行语言建构和形象建构，是权力意志的实现过程。其中媒介现实取代实际现实成为社会大众获取社会经验、产生社会认知、实现社会生存的重要途径。在大众传媒对特定群体的媒介观照中，意识形态的支配作用、传媒组织的公共利益和自身功利诉求、受众的信息使用或消费欲望形成合力，共同建构出一幅幅图景，引导大众朝着预设的方向，产生预定的主观感受，并以此产生行为反应。

新媒介为青年提供了优越的技术条件，使其成为自身文本的制作者、传播者、阅读者。这些技术赋予青年通过文本的生产和改造去追求快乐的权利。青年的媒介想象将公众注意力引向青年自身，其中的图像符号、青年亚文化、城市空间发挥着重要作用。媒介想象得益于青年对固有意义编码规则的破坏与意义编码权力的获取。在固有文化中，对能指的编码是支配性权力结构的特权，规训式解释则是读者作为从属群体的义务。青年媒介想象从某种意义上说是这种编码与解码规则被迫改变后的结果。他们利用互联网络技术带来的新技术手段和新技术装置将自己裹挟于能指中创建新的编码规则，邀约大众传媒进行解码。社会舆论的呈现，在这里体现为父辈文化、精英文化、传媒文化、城市文化对青年媒介想象这个现象的关注，进而产生的社会舆论引发家庭、学校、大众传媒、社会大众的解码和阐释。青年自我建构的媒介形象喻示着主流文化与从属文化中控制与接受的霸权关系被解构，青年利用媒介和商品的符号资源为自己争夺到社会文化参与与自我控制的权力。

三、青年媒介想象转向的原因

互联网络技术带来的新技术手段和新技术装置介入青年的日常生活、鼓励他们解构"他建"媒介形象的标准化建构路径，是在新的社会文化、教育背景和媒介环境中发生的。这些新的语境推动了青年媒介形象的转向。

（一）青年媒介想象转向的社会原因

中国时处改革发展的深水阶段，国内外政治、文化、经济一体化趋势加快，社会环境日益复杂和开放，社会成员的思想意识和价值趋向多元化。在这种背景中，青年思想活动的独立性、多元性和差异性日益增强，其个体特征和维权意识不断提升。同时，高等教育从精英教育转入大众教育阶段，学分制改革深入实施，后勤社会化步伐不断加快，就业形势日趋严峻。从具体社会形态分析，当代青年所处的具体环境正经受着国外思潮的猛烈冲击。首先，从文化转向分析，青年们面对的社会文化已从语言主因转向视觉主因，视觉文化成为当下社会文化的强势形态。在视觉文化的发展趋势中，视觉性成为主因、图像压倒文字、对外观的极度关注、视觉技术的迅猛发展等特征成为当代人，尤其是当代青年把握外在世界和建构内在认同的文化路径。从这个意义上说，视觉社会成为当代青年进入社会首先接触到的基本形态。其次，从社会关系角度考量，人们正经历从生产型社会向消费型社会的转变。与传统社会不同，消费社会是围绕着商品和消费行为来组织的。"人役物"向"物役人"的转变、消费主义价值观对生产价值观的取代成为消费社会的基本逻辑。当代青年受其影响，消费主义倾向和拜金取向有所显现。第三，从社会的表征来看，实体社会转变为景观社会。景观社会由法国思想家德波提出，其基本特征是商品成为形象，形象成为人们的社会关系的新中介①。在这种社会形态中，人们的主动创造性活动转变为被动的消费行为，视觉产生优先性和至上性，客观社会因此被把握为景观化的视觉图像。景观社会的论断深刻地指出视觉呈现成为当代青年社会关系建构的本质，即形象成为他们建立与自己、与他人、与社会的关系的中介机制。第四，从社会分化的角度分析，固化社会向"流动的现代性"社会转化。固定的、惯例的和封闭的传统社会生活，让位于快速的人口流动和陌生的社会环境构成的现代生活方式。英国学者齐格蒙特·鲍曼将后者所代表的社会称为"液化"社会，并用"流动的现代性"② 一词来表征当代社会的基本特性。当代社会的"流动性"关涉一系列的社会分化，其中一个就是家庭与工作场域的分化。这个分化导致人们将自我和认同的建构从家庭移向陌生的公共场所，被剥夺了的社会位置感在消费社会中由商品来填补。商品成为"液化社会"里不可或缺的充满价值、意义和等级区隔的标示物，也成为当代青年在陌生的学习、工作

①　Guy Debord, *The Society of the Spectacle*, London: Black and Red, 1977, p. 132.
②　［英］鲍曼：《流动的现代性》，欧阳景根译，上海三联书店 2002 年版。

场域中获取自我认同、社会身份的实现途径。视觉时代、流动的社会、景观社会等社会形态，标志着传统社会向后传统社会的分阶段转换。总体说来，多元文化思潮对当代青年带来各种各样的冲击，积极的、正面的影响与消极、负面的影响交织在一起。青年媒介想象正是发生在多元文化思想浪潮中，自我建构、视觉建构、多元建构是这种文化多元化影响的直接体现。

（二）青年媒介想象转向的媒介原因

马克·波斯特在《第二媒介时代》一书中提出：当大众传播媒介转变为成"去中心化"的传播体系时，发送者成为了接受者，生产者转变为消费者，统治者却成了被统治者。这样，曾经被拿来透析第一媒介时代①的逻辑就被消解了。在他那里，第一媒介等同于播放型传播模式，第二媒介时代则以互联网络为表征。如果说波斯特强调新媒体对信息制受关系的转变，查德威克则更强调新媒体赋予社会大众的民主力量。安德鲁·查德威克在《互联网政治学——国家、公民与新传播技术》一书中对去中心化、参与、全球化、后工业化、自由主义等八个主题进行了重点阐释，认为"现存政治结构与自上而下或自下而上的社会运动之间的联动关系正在形成，就像电子民主与借助互联网力量的底层动员的发展，在使得公民参与的传统形式充满活力"②。两位学者所关注到的以

---

① ［美］波斯特：《第二媒介时代》，范静晔译，南京大学出版社 2000 年版，第 45 页。
② ［英］查德威克：《互联网政治学——国家、公民与新传播技术》，任孟山译，华夏出版社 2010 年版，第 3 页。

互联网络为核心的新媒介，对传统社会结构和阶层力量的种种冲击和影响，更可能被理解为再现这一意义生产实践在新媒体语境中的变迁。简单地说，再现就是选择和建构的过程。印刷媒介和电子媒介的再现显然是社会权力结构的现实体现，新媒介则使互联网络中的再现发生变革。"再现是一个有关意义的斗争场所。"①从这个意义上讲，青年媒介想象实际上就是一种再现的过程，再现权力掌握在大众传媒手中。新媒介不仅改变了再现的权力结构，还与青年亚文化和空间生产结合起来，使得青年媒介想象获得民主、自由、平等、开放的再现场域、文化语境、空间环境，转向因此成为这些变化的直接体现。

新媒介使意义生产格局发生变化，它拥有的自媒体特质则使意义生产权在一定程度上掌握在青年手中。这为青年媒介想象的转向提供了强大的媒介技术力量。专业主义态度和精英化倾向让新闻编码成为少数人对多数人的中心化信息制作、传播工作，由此形成信息编码过程中的权力结构。新媒体的出现则让这种格局发生改变。第二媒介时代以去中心化的双向交流为典型特征，"新媒介可以被看成是正在创造现代立场难以遏制的力量。"② 更大范围的编码权来自于自媒体的出现。自媒体，是当代传播符号学的重要概念，出现于互联网 2.0 时代，具体形式包括 BBS、博客、

---

① ［美］赛佛林、坦卡德：《传播理论——起源、方法与应用》（第五版），郭镇之、徐培喜等译，中国传媒大学出版社 2006 年版，第 37 页。

② ［美］波斯特：《第二媒介时代》，范静晔译，南京大学出版社 2000 年版，第 22 页。

播客及微博等，其核心理念是强调人人参与，人人具备话语权。自媒体概念由丹·吉摩尔于 2002 年在《下一时代的新闻：自媒体来临》一文中提出，并在《我们即媒体》一书中进行了详述。他认为，由于网络论坛、博客、播客等互联网新生事物纷纷涌现，自媒体将是未来的主流媒体。美国新闻学会下属的媒体中心于 2003 年 7 月出版了谢因·波曼（Shayne Bowman）和克里斯·威利斯（Chris Willis）合著的《自媒体研究报告》列举了自媒体形式，包括博客、讨论组、用户个人出版、协同出版、PZP 系统、XML 协同等。维基百科的解释是：自媒体也是相对传统新闻方式的表述，即具有传统媒体功能却不具有传统媒体运作架构的个人网络行为。我国学者喻国明将自媒体形象地描述为"全民 DIY"，指出"所谓基于网络的内容生产 DIY，其实就是全民出版、全民传播的意思，它是一种全新的内容生产与消费的生产理念与消费模式"①。专业主义态度和精英化倾向被新媒体，尤其是自媒体所否定，少数人面向多数人的信息制播局面，在新媒体时代被个人成为独立发布信息主体的趋势所打破。在这种趋势中，平民化、自发传播、消除时空限制、个性化、圈群化、碎片化的技术优势赋予受众一定的媒介话语权，受众成为信息编码者。青年凭借其对新媒体技术的敏感性和适应性迅速获得部分意义编码权。他们把图像符号、青年亚文化、城市空间与互联网络技术带来的新技

① 喻国明：《解读新媒体的几个关键词》，《广告大观（媒介版）》2006 年第 5 期。

术手段和新技术装置相结合，成功地自我建构出让父辈文化、精英文化、传媒文化侧目的媒介形象。

（三）青年媒介想象转向的教育原因

目前中国面临深刻的社会转型，全球化、工业化、市场化、城市化、信息化已成为社会发展的必然趋势。社会转型对当代青年的价值观念和行为方式产生直接影响，这使得青年呈现出积极开拓、开放务实的精神风貌和行为特征。同时，社会转型对青年世界观、人生观、价值观产生复杂影响，并在青年媒介想象中予以体现。从这个意义上说，社会转型与青年媒介形象转向存在紧密联系。由此，从社会转型与青年思想观念的关系着眼，青年媒介形象转向的教育背景就有了时代脉络。

全球化进程的加快，使青年的环境保护观念、全球意识、个人主义观念得以提升，但他们的生活意识、民族观念、集体意识却呈弱化趋势。伴随全球化进程的是工业化的迅猛发展，青年的创新精神和务实意识在这个过程中大大增强。然而，高等教育的教学内容、学科专业设置、教学方式在一定程度上滞后于工业化发展速度，青年就业出现结构性矛盾，导致他们的理想、信念发生一定动摇。收入分配差距、城乡二元结构、教育资源分配不合理等问题迫切地要求社会结构调整。处于人生过渡时期，同时占据相对弱势地位的青年面对深刻的社会结构调整，就业意识、婚姻观念和社会交往方式容易变得功利、现实，这将使其价值追求受到挫伤。"市场化过程中青年的法制观念、功利思想、竞争观念增强，政治观念、利他观念、合作观念弱化"；同时，"城市化过程中青年的公平意识、环保观念、参与意识增强，奋斗思想、勤俭观念、理性精神弱化"①。进入信息社会，互联网络技术带来的新技术手段和新技术装置使青年的自我表露观念、批判精神增强，但自制意识、独立思考精神弱化。各种自媒体为青年赋权，使其拥有自由、自主、自在的表达权利，他们自我表露的欲望得以大大释放。但互联网络中的一些出格言行却揭示部分青年缺乏应有的自制观念。与此相一致的是，青年充分利用新媒体表达对经济、文化、政治、生活的个人感受，积极传达他们对社会现实的种种态度和选择。青年的批判现实精神在此得到明显体现，但在批判精神的背后却隐藏着他们在独立思考精神上的缺失。社会转型对青年的思想观念造成复杂的影响，既有符合时代要求的意识、精神，也有不利于他们健康成长的负面价值观念。面对社会转型和国内外纷繁复杂的多元文化思潮，在引领青年建立正确的世界观、人生观、价值观的过程中，家庭教育、学校教育和媒介教育发挥着重要作用。然而，从现实情况来看，这些领域的教育仍存在着一些缺失。从青年媒介想象的转向分析，青年在媒介想象中展现出积极、主动、自主的一面，但也存在消极、从众、过度自我的倾向。如青年自我建构的媒介形象，存在着是非标准模糊、使用过度、审美标准低俗化等问题。究其原因，高等教育中的人文素养教育没有真正发挥作用是导致这些问题的根源之一。在专业技

---

① 李伟、平章起：《中国社会发展的阶段性特征与当代青年的思想观念冲突》，《中国青年研究》2012 年第 12 期。

能培养的同时，提升青年的人文素养是当代高等教育普遍面临的挑战。如何在引导青年既掌握核心的专业技能，又能具备健全的文化素质、思想道德素质、心理素质、媒介素养等，就成为家庭教育、高等教育、社会教育必须解决的问题。

第二章
青年"符号游戏者"媒介想象

　　日常生活的语言符号、行为符号、身体符号、服饰符号、媒介符号均在互联网络空间里被青年转换为图像符号，并对它们进行意义确定。与此相对应的是，青年中盛行的自拍文化、恶搞文化、迷文化、搜索文化、黑客文化、御宅族文化、游戏文化、同人女文化、Cosplay 文化等，都反映出他们将自己的所视、所思、所失外化为可见的图像符号，并进行意义编码。新媒介给青年设立了全新的、开放的"公共领域"，允许他们在这里自由地表达、娱乐、创造。"新媒介对于青年而言，俨然成了一块'移动的自留地'，他们在这里渴望寻求自我管理与构建自我。"① 在这个过程中，一切可用的符号均被他们用来为能指生产新的所指、建构全

---

① 　肖荣春、白金龙：《移动的自留地：知识青年、新媒介赋权、场景生产与媒介素养——以青年的新媒介使用实践为观察》，《新闻与传播研究》2011 年第 1 期。

新的意义。商品、语言、情感、关系、身体、过程等都被青年转换为图像符号而生产意义。必须指出的是，青年对图像符号的意义生产涉及两个层次：其一，日常生活中的各类符号被青年利用来进行意义的重构。如改造的新生军训服，恶搞式毕业照，伪娘装扮，各类颜色鲜艳、造型张扬的服饰等，吸引着社会的极力关注，并引发家庭、学校、传媒和社会大众对其进行解读。其二，也是更重要的层次，青年将日常生活符号进行图像意义生产和传播，使其线上化、公共化、即时化。两个层次结合在一起，推动了青年媒介想象。青年媒介想象在很大程度上就是他们消解了图像符号的能指和所指之间的固化关系，为图像符号生产新意义的过程。如果把这个过程视作图像符号的游戏过程，那么青年可以被视作图像符号的游戏者。从这个意义上说，青年"符号游戏者"媒介形象实质上是图像符号意义的解构和重构过程，而图像符号的游戏实质上是符号能指被赋予新的所指，即意义建构的过程。概括地说，图像符号成为青年媒介想象的表征形式。

一、图像符号：青年"符号游戏者"媒介想象的介质

图像符号在当代青年那里被用于媒介想象，类似于"诗学"的意义生成过程和"政治学"的权力博弈。用以传递意义的图像符号确定后，并不意味着这些符号就能进入青年媒媒介想象场域中发生作用，它们还需要以青年能够生产意义的方式发生作用。

在新媒体时代和消费社会中，新媒体及相关技术为图像符号进入建构场域发生作用提供了有力的技术支持和社会氛围，使青年在能够把握意义生产权的同时娱乐性地进行符号游戏，其"符号游戏者"媒介形象由此形成。

（一）青年媒介想象的图像化趋势

当下，日常生活在传播媒介，尤其是新媒介的观照中实现了广泛的、高度的视觉化。影视作品对文学作品的压制、视觉媒体对印刷媒体的暴政、视觉文化对传统文化的遮蔽，因而使视觉话语成为重要的"知识型"。图像符号的意义及其生产实践就在这个"知识型"里存在，而新媒介的技术特性和沟通特质使得视觉话语所蕴涵的意义生产机制与其他话语不同。在周宪看来，"现实的社会关系是通过各种各样的视觉话语被再生产出来，因此，对视觉话语的建构性的思考，也就是对视觉性本身的思考"，视觉性则是"主体通过自己的视觉行为对其社会关系的再生产"[①]。承接米歇尔和周宪的观点，青年媒介想象远非"看"之规训那般简单，而指涉着视觉话语的生产、传播及其对社会主体的作用和影响，并最终影响社会文化的问题。从这个意义上说，青年媒介想象是青年在特定视觉话语和视觉范式中，通过视觉来再生产有关外部世界和自我认知的意义，由此产生特定社会事实和社会知识的过程和结果。

表征理论的构成主义观点认为，"事物并没有意义，我们构成

---

① 周宪：《当代视觉文化与公民的视觉建构》，《文艺研究》2012 年第 12 期。

了意义,使用的是各种表征系统,及各种概念和符号"①。循此观点,人们用各种语言系统来代表、表征或象征概念,特定的声响、词或形象才能作为一个符号去起作用并传递意义。或如结构主义者所说,去意指。语言建构路径使用了口头语言和书面文字符号来生产意义,而视觉建构利用图像化符号来生产意义。借用霍尔对表征所下的定义:"经由语言对意义的生产"②,视觉表征的定义可表述为经由形象对意义的生产。视觉建构与视觉表征的内涵相同,都强调形象的意义生产功能,在本文中可以互换使用。在新媒体时代中,视觉建构经由形象生产的意义主要涉及青年对自我现实的媒介化认知和对外部世界的媒介化把握。外部世界的媒介化把握是青年通过视觉媒介来表征外部社会与他们的关系,自我现实的视觉化认知则是他们通过视觉媒介设定来"我"是谁及与其他人的关系。这些内、外认知在视觉建构中,体现为社会主体利用视觉媒介来表征对外部社会的把握和对自己的理解。从个人层面来讲,视觉建构在一定程度上即为媒介想象。青年媒介想象与大众传媒建构的媒介形象最根本的区别在于建构的主动性,而这样的主动性主要是借助新媒体技术或网络传播技术实现的所谓赋权。新媒体鼓励青年把身边正在发生的日常生活细节上升到"艺术审美"的高度,并让这些日常生活细节能够传达意义。在这

---

① [英]霍尔:《表征的运作》,载[英]霍尔:《表征——文化表象与意指实践》,徐亮、陆兴华译,商务印书馆 2003 年版,第 25 页。
② [英]霍尔:《表征的运作》,载[英]霍尔:《表征——文化表象与意指实践》,徐亮、陆兴华译,商务印书馆 2003 年版,第 28 页。

里，把握当下、日常生活审美化、视觉消费在各种图像符号中得以统合，并按照青年自己的路径实现意义生产。微电影、网络视频、Cosplay、涂鸦、快闪等青年追捧的时尚行为，将影像符号、服饰符号、建筑符号、身体符号建构为他们自己生产意义的工具。青年媒介想象的意义并不内在于它之内，它是构造的、被生产的。因此，对青年媒介想象过程进行分析，就能对这些视觉符号背后所隐藏着的社会学意义、经济学意义、教育学意义及其他领域的意义予以解码，洞悉他们媒介想象的社会、经济、政治、娱乐等方面的动机和诉求。从这个意义上说，青年媒介想象其实是其通过各种视觉行为再生产自身认同和社会归属的问题。在新媒体技术支持和后现代"微"叙事结构的作用下，政治话语与娱乐诉求的分离与娱乐诉求和自我表达需求的结合，询唤着当代青年媒介形象的视觉建构。

（二）图像符号意义再生产中的符号游戏

不同社会力量对同一事件的不同建构，反映出建构权力的激烈争夺。值得注意的是，进行再现建构的符号从属于历史、社会、文化的变迁，再现因此是"可变的，这对那些身份依赖于再现方式的群体来说，是有潜在的积极意义的"①。进入视觉时代、消费社会、媒介社会、城市文化等社会文化环境中，媒介和商品为青年提供各种各样的符号资源，并鼓励他们在消费行为中发挥创造

---

① ［英］泰勒、威利斯：《媒介研究：文本、机构与受众》，吴靖、黄佩译，北京大学出版社 2005 年版，第 37 页。

性作用。媒介和商品摇身变为青年媒介想象的各种图像符号资源，媒介产品和消费商品成为他们争夺意义生产权的物质手段。从这种意义上说，青年把自己想象为"符号的游戏者"。时尚服饰、纹身、Cosplay、发型、流行用语、手势、照片（自拍）、网络视频等所建构的图像符号以及它们经由新媒介所生成的网络图像符号，就成为媒介想象的符号资源。这些符号资源仅仅是静态地为他们主动地建构自身形象创造了必要条件。要实现意义再生产或重新赋予意义，这些符号资源还必须进入动态性的过程中发挥作用。图像符号及其网络传播和分享，无一例外均来自于青年的日常生活，是他们对日常生活审美化的图像把握或视觉建构。在约翰·费斯克看来，相关性是大众文化的核心，因为它使文本和生活、美学和日常的差异降低到最低程度①。相关性是由大众创造的，因为他们才知道哪些文本可以让他们创造出在日常生活中起作用的意义。"相关性因受众的积极参与和主动介入而非中产阶级的'距离'式审美和静观，产生出一种'意识形态的暂时丧失'和逃避宰制力量的快感，大众主体就像一个在意义超市中挑拣商品的'商品盗猎者'一样，从原初的文化资源中挖掘出关联自身个性、富有创造性、吻合相关性的意义、快感和权力来。"② 作为大众文化的活跃力量，青年为图像符号生产或再生产意义。Cosplay 利用

---

① ［美］费斯克：《解读大众文化》，杨金强译，南京大学出版社 2001 年版，第 6 - 7 页。
② 陆道夫：《试论约翰·费斯克的媒介文本理论》，《南京社会科学》2008年第 12 期。

虚拟角色的妆容、服装、言行、道具生产出父辈、学校、媒介缺席的场景，青年在这个场景中将自我投射向虚拟的"他者"——动漫人物。同时，在角色扮演中也将"他者"内化为自我，差异既存在又消解。这个悖论式过程恰恰是图像符号所要实现的目标——享受当下、体验快感、制造差异。另一个值得关注的图像符号是国货新时尚。曾经的国货突然一夜间引发年轻人，尤其是青年的狂热追捧。他们解构了经典国货的意义架构，将其能指所对应的概念进行置换。物美价廉、过时落后、艰苦奋斗被爱国主义、流行时尚、品味格调所替代，海魂衫、梅花运动服、军用挎包、回力鞋被青年赋予了新的时代意义而成为其媒介想象的独特符号。此外，还有微电影、网络视频、自拍照、快闪、涂鸦等大量符号资源供青年去充分地进行想象。"打碎能指与所指的关系是社会控制的另一种断裂，因为它瓦解了符号，而符号就是文化，所指是它的含义……"① 旧的所指被替换，新的所指让青年成为符号游戏的主动者。与传统大众媒介的意识形态建构力量相比较，媒介和商品成为青年可以介入或把控的符号资源，它们的共谋更是让青年打破政治话语、理性原则、中心化的稳定结构而遵循娱乐话语、快乐原则、去中心化的动态结构。媒介再现的独裁力量被媒介和商品共同赋予的符号资源所取代。媒介再现出现媒介想象的趋向，并在新媒介时代的青年中表现得尤为显著。

---

① ［美］费斯克：《解读大众文化》，杨金强译，南京大学出版社 2001 年版，第 68 页。

二、青年"符号游戏者"媒介想象策略与途径

电子媒介对物质世界的"真实"再现导致物质性、实物的可信赖程度迅速降低，人们面对的是一个去物质化的世界并日益依赖于"媒介美学"的功能。实在世界在媒介中失去了物质形态，物质的存在转换为光电。这种媒介所制造的去物质化过程，就是世界被图像化建构的过程。媒介所创造的虚拟空间和虚拟现实不再像物质现实那般是笨重的、不可移动的和不可改变的。通过媒介，现实呈现为可改变的和可选择的了。图像不再是现实性的真实保证，而是越来越倚重于虚拟性。以互联网络和移动互联网络为支撑的新媒介更将虚拟性、可塑性以及媒介美学发挥到极致，青年将图像符号的虚拟性和可塑性也植入到现实生活中，他们将自己想象为"符号游戏者"。

（一）青年"符号游戏者"媒介想象策略

1. 娱乐地置换图像符号的所指

在符号学经典理论中，符号的能指与所指的联系不是自然的或不可避免的，其组合是任意性或不可论证的。在特定的社会和历史时期，符号的意义可以在特殊的历史和文化语境中被相应的社会惯例系统所暂时确定下来，否则人类就无法交流。在当下社会，用于沟通、交流的所有符号在一定程度上其意义是确定的、明确的。这保证了这个时代的人们能够共享信码、实现意义共享。

然而，青年却通过打破符号的能指与所指之间的这种联结，实现了其媒介想象。约翰·费斯克用能指与所指关系的破裂来论证权力的抵制。他认为"打碎能指与所指的关系是社会控制的另一种断裂，因为它瓦解了符号，而符号就是文化，所指是它的含义，因为这也是文化所制造的，它在字面上和比喻义上创造意义；所指是文化，但能指却是自然，是知觉……"① 然而，抵制既模糊了着力的对象，也失去了明确的方向，娱乐的特性则得以放大。网络文学由寓教于乐变为自娱娱人，网络视频的聚焦重心由"艺术作品"转向现场直录，网络语言由"精致合规"转向生造逗乐，网络图像被 PS，甚至一切传统、经典、权威、主流的话语、作品和表达都面临随时被颠覆和解构的命运。"一代青年对待权威的方式并不是公然抵抗和反对，而是采用拼贴、戏仿、揶揄、反讽的手段对其尽情调侃和讥刺，同时获得自我愉悦和狂欢。"② 就连费斯克也不得不把"抵制权力"的进一步走向归结到"快乐"上去。"快乐，提供了对这种权力的逃避，对规范的逃避，成了颠覆的一种手段，因为它在一种权力范围之外创造了一种私人化的领地……"③ "私人化的领地"似乎成为费斯克对新媒体和网络空间的譬喻。因为青年的确是在这里解构着所谓的主流、经典、权

---

① ［美］费斯克：《解读大众文化》，杨金强译，南京大学出版社 2001 年版，第 68 页。

② 马中红、邱天娇：《COSPLAY：戏剧化的青春》，苏州大学出版社 2012 年版，总序第 11 页。

③ ［美］费斯克：《解读大众文化》，杨金强译，南京大学出版社 2001 年版，第 70 页。

威，而以娱乐的态度打破能指与所指间的关系就成了他们的一种策略。擅长拼贴策略的青年在数字短片领域极具创意地打破了影像符号及其他符号能指与所指的原有关系，将所指用全新含义进行诠释。如近年来火热的《三枪打烂寂寞》《民工也疯狂系列》《国足打进世界杯啦》《万万没想到》《春运帝国》《杜甫很忙》《妈妈再打我一次》《舌尖上的重邮》等恶搞视频短片将文字、图像、声响及其组合以颠覆性的、戏谑的、莫名其妙的方式解构正常的叙事结构，采用镜头组接、图像编辑、台词篡改、歌曲改编等方式实现特定目的。在这些恶搞"作品"中，借用、增加、调整、加强、夸张原有的意义，甚至改变已知的意义。青年创作者甚至直接就以对原有意义的解构和戏谑为目标，作品的所有元素或符号被置换了所指，而用新的意义来实现。图像符号、影像符号、声音符号、表情符号、身体符号被青年创造者精心编排、刻意结合、感性描述，他们擅长将"我"作为中心，迫切渴望表达个人感受，抛弃摄影所遵循的决定性瞬间理论，追求创造"瞬间"，制订符合个人意愿的行为和思想标准，也生产着遵循内心真实想法的影像。尽管这种娱乐化的过程往往走向空洞和无意义，但这种解构具有服务于青年释放激情、缓解焦虑、宣泄不满、发现自我以及建构个体和群体身份认同的作用。

如果说网络视频短片由于需要一定的专业技术，如剧本创作、镜头剪辑、配音配乐等而将部分青年排除在"符号的游戏者"之外，那么对现有符号进行意义改造，则使更多青年能够媒介想象。由大众传媒所把控的媒介话语具有意识形态性、单向性、渗透性、广泛性等特征，而新媒体则颠覆这些特征，使媒介话语在一定程度上被稀释。社会群体中极为活跃的青年群体在这场媒介话语权的颠覆中获得更大权力，时尚也成为表达他们所拥有的媒介话语权的符号体系。根据 2015 年 2 月发布的第 35 次《中国互联网络发展状况统计报告》，我国网民中相当一部分属于 18—24 岁的学生网民群体，在网上把控话语权的活跃发言者往往不是网民中最深思熟虑的成员。这个结论揭示出网络舆论领袖的职业、年龄、收入等人口特征及其隐含的其他特质：敏感、活跃、乐于交往、创造力、冲动、感性。这样的特征和特质与青年所追捧的时尚发生关系时，他们用自己创造的话语体系生产时尚的意义，彰显/遮蔽、认同/反对、狂欢/躲避、围观/漠视的二元对立结构在其间显现无疑，由此建构出一幕幕即时化的个人化视觉奇观。军训服作为一种特殊符号被社会认知为青年身份转换的标志：从高中生变为青年、从未成年人转变成年人、从社会人变为特殊军人等。但青年对军训服的改造使用却让其成为一种特殊的时尚符号。在加入诸多的流行元素，如流苏、铆钉、蕾丝等，并通过拼接和裁剪后，军训服俨然成为青年自行创造出的性感时尚。由军训服改造的抹胸裙、超短裙、紧身衣、吊带裙等，颠覆了传统军训服的固有意义而将青春、活力、性感等新的意义用"震惊"的形式予以凸显。这种自定义的符号表征着青年对军训、对社会、对人生、对未来的思考和憧憬，遮蔽掉了现实社会中的无奈、虞诈、彷徨，以一种戏谑的视觉奇观表达着他们对自我和外在世界的看法。与此相类似的还有学位服与毕业照，它们也是典型的表征符号。这些符号意味着转换，并以跨界仪式和风格仪式分别呈现。列维－斯特劳斯将人类社会分类为二元对立结构，即通过创造符号与所要表达的意义进行"二元对立"①。在这个二元对立结构中，世界被划分为类目 A 与类目 B，二者彼此验证、相互指涉。为缓解从一个类目向另一个类目跨越时形成的困难，跨界仪式由此产生，而且跨越的类目相距越远，相应仪式也就越复杂、越精细。将学位服和毕业照所意指的人生阶段纳入考量，那么大学毕业对于青年来说就是一个典型的跨界仪式。大学毕业意味着身份的转换：学生变为职业人、家庭哺育者变成经济自立者、部分责任人转变为完全责任者、受哺养者变成哺养者、班级成员变成单位员工。这些转换中的压力、困惑、彷徨、迟疑与希望、成功、成就、机遇都植入到跨界仪式最重要、最具识别力的两个符号——学位服和毕业照中。更值得关注的是，在网络上有很多另类毕业照在传播，有玩穿越的，有纯粹恶搞的，还有"婚纱版"、"民国版"、"海报版"等等。除传统的学位服外，还有婚纱、旗袍、民国学生装，甚至"红卫兵装"。除了礼堂、图书馆、操场等常规场所，树枝、雕塑、屋顶、喷泉等平时忽略的地方也是重点拍摄地。除了站着和坐着，还有蹲着、躺着、倚着、跳着……另类的、出格的、恶搞的学位服和毕业照花样翻新、创意迭出。原本悲伤的离别情绪被搞笑、狂欢、娱乐的氛围所取代，而后者正是这两个视觉符

---

① 潘知常、林玮、曾艳艳：《结构主义—符号学的阐释：传媒作为文本世界——西方传媒批判理论研究札记》，《东南大学学报（哲学社会科学版）》2004 年第 3 期。

号所要凸显的意义——用戏谑、娱乐、自嘲的态度看待毕业这一跨界仪式所意指的种种转换及其困惑。在这个过程中，最让人深思的是媒介话语中的文化霸权，即由大众传媒所制造的标准化、规训式形象，被青年的表征符号所解构，并用新媒介所赋予的符号资源建构出他们自己的媒介形象。安迪·班尼特对此关注到，"互联网作为青年人的一种创造性资源，是如何在他们与日常生活的符号性协商（Symbolic Negotiations of Everyday Life）中发挥作用的"①。这种协商实际上就是青年将日常生活中的商品和媒介当做符号资源，并与它们的合作中各取所需。这充分赋予青年操控符号的权力，他们因此而逐渐成为新媒体时代符号的游戏者。另一方面，另类化的学位服和毕业照也作为风格符号发挥着凸显/遮蔽的作用。在斯图亚特·霍尔看来，风格等同于仪式，即"组织化的象征活动与典礼活动，用以界定和表现特殊的时刻、事件或变化所包含的社会与文化意味"②。这些特殊时刻、事件或变化通常体现为社会动荡时刻、个人或群体的稳定状态或均衡结构被打破时所出现的仪式性活动。换言之，这些仪式性活动是对不稳定情况或结构的应对策略，用以消除由此带来的不确定、压力、困惑等。大学毕业意味着一系列的转换，即稳定状态或均衡结构的打破，这些经过精心改造的学位服和另类化的毕业照作为大学毕业

①　[英] 班尼特：《虚拟亚文化：青年、身份认同与互联网》，载 [英] 班尼特、哈里斯：《亚文化之后：对于青年文化的批判研究》，中国青年出版社 2012 年版，第 200 页。

②　[美] 费斯克：《关键概念：传播与文化研究词典》（第二版），李彬译，新华出版社 2004 年版，第 243－244 页。

的仪式性符号,用符号狂欢的方式将他们戏谑社会规范、戏仿严肃话语、自嘲人生发展的态度彰显出来,甚至产生比戏谑、娱乐、自嘲态度更深层次的意义:对未来的恐惧、对前途的迷茫、对人生的不确定、对规则的迟疑等。可以说,青年在仪式性活动中的拒绝、挪用、同构、拼贴的风格展示,在对学位服、毕业照另类改造中显现出来的游戏态度,既是表象层面的符号狂欢,也是内心深处的社会焦虑。

2. 狂欢式地使用个人化图像符号

伴随着影像媒介发展而成长起来的"自我一代",自觉不自觉地从视觉经验到社会交往都以自我中心为原则。"自我"喻示青年对主流意识形态的破限,以个人化的语言形式和行为模式阐释他们思想观念的转变——藉由视觉媒介的普及而体验着个体化的存在。利用这种新体验衍生出艺术形式的更迭,最终推动个体化意识整合为共同的视觉经验。在视觉占据文化主因的视觉社会中,视觉则越来越拥有与语言一般的功能,成为建构外在世界和自我世界的重要通道。视觉文化赋予当代青年解构自身的媒介形象并予以重构的力量。在读图时代,文字主因型文化被图像主因型文化排挤和边缘化,图像获得了前所未有的"霸权",并具体体现为图像中心模式。图像中心模式对于青年来说具有想象主体的关键作用,新媒体、互联网络与时尚符号的结合使他们的主体身份多元而可控。不同的信息方式所建构的主体是有所差异的,这取决于信息方式自身的特点。口传媒介文化阶段的特点是符号互应,自我因为被嵌套在面对面沟通中而被建构为语音交流中的一个位置，即把主体建构为一个群体的成员。印刷媒介文化阶段的特点是意符，即书面文字的出现，自我被建构为一个行为者，出于理性/想象的自律性的中心。换言之，印刷文字把主体建构为理性的自主自我，建构成文化的可靠阐释者。电子媒介文化阶段强调信息的模拟，持续的不稳定性使自我去中心化、分散化和多元化。"媒体语言，尤其是无语境、独白式、自指性的，便诱使接受者对想象过程抱游戏态度，在话语方式不同的会话中，不断地重塑自己。"① 尽管波斯特所谓的媒体语言是指电视图像语言，但预言般的力量却使人更愿意相信那是新媒体时代数字图像和影像所建构的主体特征和建构态度。对于青年来说，波斯特的预言在不同领域获得了验证，青年利用个人化的图像符号实现着"符号游戏者"媒介想象。

（1）网络语言领域的符号。媒介技术的快速发展和数码消费终端的普及使时尚首先在人际语言中得到体现，而人际沟通语言受到人机沟通语言的深刻影响，网络语言成为青年时尚行为的重要组成部分。有学者将网络语言进行了历时性概括②：起始阶段"以符号、数字和字母为主流"，如— _ —（微笑）、Zzzzzz……（睡觉）、520（我爱你）、886（拜拜了）、1314（一生一世）、u（you）、BS（鄙视）、LG（老公）、LZ（楼主）等；发展阶段以

① ［美］波斯特：《信息方式》，范静晔译，商务印书馆2000年版，第65－66页。
② 李丛、刘莎：《网络语言之发展阶段：从符号、数字、字母到文化词》，《辽宁师范大学学报（社会科学版）》2014年第2期。

"谐音词和旧词新义为主流",如马甲、酱紫、顶、稀饭、沙发、潜水、见光死、偶等;成熟阶段主要是 2005 年至今的这一个时期,"出现了寓意深刻的网络文化词,有象征性、舆论性强的特点"。该阶段网络语言由字、词等零散、局部的语言要素扩升到词群、句、段,甚至语体等完整、独立、固定的语言结构,如 XX 奴、XX 族、X 二代、被 XX、很 X 很 XX、中国好 XX、舌尖上的 XX 等词群,梨花体、TVB 体、淘宝体、撑腰体、高铁体、甄嬛体以及最近的舌尖上的中国体、千万别报体等新语体。流行句式的网络流行,则将网络语言时尚推上了风口浪尖,从"做人要厚道""很黄很暴力""很傻很天真""不要迷恋哥,哥只是传说""我勒个去"直到最近的"我是 XX,我为自己代言""我和我的小伙伴都惊呆了""待我长发及腰……""高端大气上档次""不作死就不会死"等。网络语言的历时性发展揭橥青年网络语言的关注焦点从网络生活本身转向社会生活和时政热点,其社会交往、娱乐等功能也转为诉求功能、舆论功能等。网络语言时尚不仅要求人们从语言文字学角度去探究,也要从社会学视野去解读。尽管与语言建构中心主义有着紧密联系,但因为视觉性而使网络语言也具有图像符号的基本特征。这些网络语言适用范围极广,涵盖了青年日常生活的方方面面,而以配图加网络语言的形式则使青年对其中隐含的、象征的意义进行建构,鼓励青年对它们自行确定。从这个意义上说,图文的任意组合及其意义建构在新媒体时代为青年进行自我表达提供了符号狂欢的重要路径。

(2)行为领域的符号。行为领域的符号是指青年用于表达社会认知、建构自我认同和群体认同、确定社会角色的视觉表征符号。从涉及范围分析，行为领域的符号涉及行为艺术、极限运动、竞技运动等类型。行为艺术因其位处公共空间、再现现实遭遇、强调艺术表达等特点而迅速成为青年表达自身主张、追求围观效应、激发社会反思的前卫艺术形态。有人①将青年行为艺术做了如下分类：晦涩表达类、释放情绪类、反思现实类、"纯"艺术类等。行为艺术时尚主要涉及涂鸦、快闪、极限运动、街头体育、竞技运动等。其中快闪作为行为艺术中最引人注目的形式，以其组织形式的自发性和碎片化、呈现地点的公共性和符号化、表现方式的瞬间性和奇观性、价值诉求的现实性和隐匿性等特征使当代年轻人成为"莫名其妙的一代"。极限运动包括直排轮、滑板、极限单车、攀岩、雪板、空中冲浪、街道疾降、跑酷、极限越野、极限滑水等。参与者不仅能够身着艳丽的专业服饰和使用酷炫的专业装备，而且能够通过日趋成熟、潇洒飘逸的运动体姿成为围观者嫉妒和羡慕的对象。极限运动的社会功能不仅在个人层面发挥着展现独特的个人创意、完成团体认同的发展任务、情绪抒发、丰富社会关系、激发潜在能力、增长人际交往能力的功能，还能成为一种群体认同形式的表意实践②。竞技运动包括彩跑、篮球、足球、羽毛球、乒乓球、排球等对抗性较强的运动项目。值得关注的是青年的自我表达欲望和个人认同建构、群体归属满足等需

---

① 岙莹莹、匡国媛：《中国青年行为艺术透视》，《青年研究》2008 年第 5 期。
② 张洪东：《青少年极限运动亚文化探析》，《体育与科学》2013 年第 4 期。

要并非完全通过运动项目本身体现，在一定程度上也通过鲜艳的运动鞋服颜色、张扬的运动动作、夸张的身体姿势以及比赛前后的啦啦队暖场、结束表演项目等视觉性极为突出的要素来表达。竞技运动与其说是精彩的对抗运动行为，倒不如说是利用各种视觉符号吸引父辈、大众、舆论关注的社会交往行为。

（3）身体领域的符号。"随着现代性全面深化、消费社会占据日常生存中心地位以及后现代性异军突起，时尚文化思潮逐渐改变其意义指向，转换为以'身体生产'为基本特征的消费文化公共空间，经典时尚学理论命题不得不在这种转型背景下失去其解读张力。"① 身体符号从身份建构的限制中挣脱开来，身体生产成为身体符号意义建构的路径。同时，身体符号脱离了意识哲学的桎梏而成为意义的载体，为身体所有者生产、传播着特定意义。在身体生产的语境中，身体被作为一种符号承载着极其丰富的意义。时尚的身体作为社会身体与生理身体之间张力的物化体现，充分地为身体所有者生产、传播着丰富的意义。在青年那里，前卫的发型、裸露部位、鲜艳的发色、造型怪异的耳/鼻/舌钉、形态各异的纹身、意义独特的手势或身体姿势、匪夷所思的身体部位整形，以及自成一派的走姿、坐姿、社会交往行为以及彩妆、人体彩绘等无不在很大程度上代替着身体拥有者的口头语言而发挥着意义生产、传播的作用。在这里，真实的我与快乐的我成为

① 王列生：《时尚思潮：从身份追逐到身体生产》，《文艺研究》2013 年第 11 期。

身体符号要建构的真正的主体。

（4）服饰领域的符号。20 世纪 50 年代英国无赖青年对爱德华式服装的改造以表达和展示他们的社会现实、赋予社会困境。与他们不同，青年在服饰领域的时尚行为更强调个人和群体认同的建构、自我个性的释放、快乐原则的追求以及娱乐化的享受。对青年来说，服饰时尚的特点包括古典、简约、清纯、性感、露透、民族、奢华等，其风格包括运动休闲、运动、商务、前卫、可爱、中性、复古、淑女等，其功能涉及休闲型、时尚前卫型、可爱型、运动型、职业型、淑女型等。服饰时尚的来源地主要有沿海地区、日韩、港台、欧美，由此形成哈日、哈韩、港台范、欧美范等地域特点。从款式来说，青年倾向的时尚服饰包括情侣装、透视装、超短裤/裙、吊带装、迷彩装、职业装等。在颜色方面，除了各色及其搭配外，荧光粉和荧光绿等亮色系衣物、糖果色系列衣物等引人注目的鲜艳色系服饰成为青年倾向的选择。值得强调的是，青年群体中盛行的 Cosplay（角色扮演）是真人对动画、漫画、游戏（Animation、Comic、Game，ACG）作品中的角色或人物进行扮演、模仿的游戏，它不仅整合了青年时尚领域的主要要素，如网络语言、行为、身体、服饰、媒介、音乐等方面，还充分利用角色扮演来建构自我认同，甚至通过易装来模糊、颠覆性别。Cosplay 具有鲜明的样本意义，是青年在新媒体时代进行媒介想象的典型范例。

（二）青年"符号游戏者"媒介想象途径

青年不仅将日常生活中的普通符号进行主动编码，更将身体作为符号而对其进行编码,符号的游戏者成为其媒介想象的现实写照。

1. "发明的节日":日常符号的主动编码

新媒体,尤其是自媒体用"我们即媒体"的途径为青年赋权,共享性导致把关人规则、时空限制的打破、消除。碎片化内容或微内容提出了对大众传媒的挑战,更让青年利用视觉表征力量介入到编码过程而使其成为编码者。青年介入编码进而成为编码者,父辈、学校、大众传媒、社会大众相应地进入解码者的角色,信息生产、传播、接受的角色发生转换。在现实生活中,青年善于把日常生活的细节融入时尚以实现编码的目的,他们所追捧的光棍节即属此列。对光棍节的来历,比较一致的说法是起源于南京大学宿舍文化①。据说是 20 世纪 90 年代南京大学一寝室男生在"卧谈会"时突发奇想地把带 1 的日期与单身状态联系起来,提议说 1 月 1 日是小光棍节,11 月 11 日则是大光棍节。由此,与此相关的活动发展成为南京高校以至各地大学里的一种校园时尚活动。随着互联网络的普及,光棍节迅速发展为以网络为主要载体的线上、线下时尚活动,"脱单"等网络新词作为衍生品也应运而生。光棍节的高潮是 2011 年 11 月 11 日,因为众多的数字"1"(能指)与单身状态(所指)具有紧密联系。不仅如此,光棍节中所体现出的时尚符号化还将筷子和包子(11·11)符号化为吉祥物,玫瑰、蜡烛、横幅也被转换为光棍节用于"脱单"的符号。自此

① 黄英:《"光棍节"现象解读》,《中国青年研究》2014 年第 8 期。

以后，原本没有任何意义的这一天被人为发明为具有特殊含义的
节日。就节日的发明来说，一个平淡无奇的普通日子被人为地赋
予强烈感情色彩，并引发广泛关注和参与，这与青年当下的所视、
所思、所思紧密相关。在宏观层面，20 世纪 90 年代末开始的高等
教育政策调整，导致精英教育向大众教育普及，天之骄子的精英
身份被普通人、服务者、消费者所取代。与此同时，经济体制改
革引发的社会结构迅速变化，社会阶层分化现象突出。"调查结果
显示，青年群体倾向于认为社会分层已经'结构化'，虽然较多的
青年对社会机会持乐观态度，但如若与精英教育时代的青年相比，
他们则认为'向上流动'的渠道已变得较为狭窄，且家庭背景及
资源对一个人的前途发展有显性影响，代际'再生产'机制占据
优势。"[1] 从微观层面分析，国内外各种文化思潮和技术发展深刻
影响当代青年。后现代主义、视觉文化、景观社会、流动的现代
性、消费主义、新媒体思维、移动互联网络意识等影响着青年的
所视、所思、所失。青年对外在世界和内在自我的认识，既不是
外界想象中的那般幼稚，也非他们所自我认知的理性与成熟。如
对就业的认识，他们认为自主就业政策对贫困家庭的孩子并不是
很有利，而是给各种"非正式资源"留下活动空间[2]。权威调查
结果揭示的冷静、客观、乐观、无奈等复杂感受，已非单一结论

---

[1]　黄耿华、莫家豪：《"后精英"的社会印象：当代青年对阶层分化及社会机
会的主观认知》，《浙江大学学报（人文社会科学版）》2013 年第 4 期。

[2]　黄耿华、莫家豪：《"后精英"的社会印象：当代青年对阶层分化及社会机
会的主观认知》，《浙江大学学报（人文社会科学版）》2013 年第 4 期。

所能概括。青年对自己的看法也呈矛盾状态，充分揭示出这个群体自我认知的复杂性。当代青年眼中的青年一代，是"爱祖国、爱家庭，hold 住课堂、hold 住考试；被兴趣、被留守，主宰网络、自由网络，渴望爱、害怕爱，推着我、自己走"①。"被"的无奈、"爱"的矛盾、"推"与"走"的暧昧，尽显这个群体在爱好、情感、职业发展方面的渴望、畏惧、失落、彷徨，也揭橥他们在面对现实困惑时的一些稚嫩和天真。青年的所视在他们对外在世界和内在心灵的认知中得以实现，更在急剧变化的社会变革、传统文化与现代理念的碰撞和东西方文化的交融与冲突中引发着所思。一份有关群体价值观的调查报告显示，当代青年在政治价值观方面呈现积极、务实、理性的特征；在经济价值观上则崇尚正当、合理、独立的价值，但尚未摆脱对家长的依赖；文化价值观日益趋向包容、多元；社会价值观则正游离于自主与无奈、超越与功利之间。同时，价值评价标准趋向理性和宽容，价值追求崇尚知识价值、权力价值和精神价值②。由群体价值观所获知的青年的所思、所想既务实又理想、既渴望独立又受制资助、既心存高远又功利自我。他们以矛盾的心态感受着他们的所视、以娱乐的姿势迎接着社会对他们的考验、以戏谑的态度面对他们所收获的失落。就在这种矛盾心态、娱乐姿态、戏谑态度中，他们的所失以特有形式呈现了出来。就业、爱情、家庭、友情、荣誉、自我等，带

---

① 彭巧胤：《当代青年眼中的青年一代》，《中国青年研究》2013 年第 10 期。
② 胡占君、冯凡彦：《当代青年群体价值观状况调查与分析》，《思想教育研究》2013 年第 7 期。

给青年各种复杂的感受。他们的所失，或称之为失落，就是其中最为典型的内容。从教育规律来说，这种失落情绪极易导致挫折感，相应的挫折教育因此被高度关注。有学者对青年挫折的成因进行了分析①。从宏观方面来说，自然环境、社会环境和学校环境及教育管理的变化都能造成挫折。微观方面则涉及由各种矛盾引起的挫折和由动机冲突引发的挫折。引发挫折的各种矛盾包括：转型期到来与缺乏充分的心理准备的矛盾、孤独感与强烈的交往需要的矛盾、充足的自由时间与贫乏的学习能力的矛盾、生理成熟与心理落差之间的矛盾、强烈的性意识与无法正确处理异性关系的矛盾、理想“我”与现实“我”之间的矛盾。由动机冲突引发的挫折包括双趋冲突，即难以取舍的冲突；双避冲突，即必须从不感兴趣的目标中选择一个所导致的冲突；趋避冲突，即面对一个既有利又有害的目标；双趋避冲突，即面对两个各有利弊的目标时产生的冲突。由所视引发所思，直至所失，青年对外在世界和内心自我的认识形成复杂、微妙的价值体验和情感体验，这些体验外化为父辈、学校、大众传媒、社会大众所关注到的现象、事件、过程。在此背景中，与他们所思和所失密切相关的单身状态及其图像表征成为他们媒介想象的对象。光棍节就是在此背景中“发明”的。英国历史学家霍布斯鲍姆提出的“发明的传统”具有启示意义。霍布斯鲍姆认为，传统有时是在某个活动或很短

---

① 齐绍彧、何宏俭、耿学刚：《论青年挫折的形成原因与应对策略》，《内蒙古民族大学学报（社会科学版）》2004 年第 2 期。

时间内被"发明"出来的，他认为"'发明的传统'（Invented Tradition）被用来意指一系列活动，它们通常受制于一些公开或暗中已被认可的规则，也意指一系列仪式性或象征性的自然。它以重复的方式努力重申某些价值观和行为规范，并自动地表明与过去的连续性"①。青年也通过"发明的传统"来进行表达，他们的单身状态及其爱情追求在光棍节的仪式性活动中得以充分传达。在这一天，青年在线上、校园里或发帖、拍照、表明心声，或拉横幅、现场表白、玫瑰求爱，这些行为彰显仪式色彩。光棍节这种仪式性节日在列维－斯特劳斯看来，还具有跨界仪式的功能。光棍节被数字"1"符号化，不仅被"1"来喻指单身状态，还用它来形象地譬喻一道门，单身和恋爱之间的一道门。在此，作为跨界仪式的光棍节也被用来缓解从一个类目跨越到另一个类目之间，即从单身变为恋爱状态的紧张程度。更为重要的是，这些"传统"或"仪式"是被可以"发明"的，因此带有某种"人为性"。"……然而，就这样一种指涉过去而言，'发明的传统'之特性在于它的这种连续性很大程度上是人为的"②。"发明"道出了"人为性"，揭示了"传统"背后的驱动力量。与"发明的传统"一样，被"发明"的光棍节背后也蕴含了青年的动机和诉求，对爱情的向往与畏惧、对现实的憧憬与无奈，对未来的理想

---

① Eric Hobsbawn and Terence Ranger, eds., *The Invention of Tradition*, Cambridge University Press, 1983, p. 1.

② Eric Hobsbawn and Terence Ranger, eds., *The Invention of Tradition*, Cambridge University Press, 1983, p. 1.

与彷徨。从另一个角度分析，"人为的"也揭橥出编码的实质，即他们如同媒体工作者那样，利用自媒体所赋予的信息制作和传播技术对有关自身的日常生活细节，尤其是对爱情的追求进行加工，将其编码适合传播和共享的符号式日期——光棍节。在此，11月11日这个特殊的日期与符号被青年"发明"为光棍节，用它来承载他们对爱情、对友情、对青年活，甚至对未来迷茫的各种体验。在此过程中，大众媒体的技术规范、管理体制、意识形态被他们遮蔽，多元复杂的意义被凝缩为最具娱乐价值的主题。换言之，具有符号意义的这个日期，被转化为对外界观众有所触动的事件、诱发他们的关注动因、培育他们的舆论想象。

2. 界限的消解：身体符号的编码

青年的编码过程不仅将各种物品都符号化为时尚的视觉表征，更将自己的身体也编码为图像符号和媒介文本提供给外界解读。时尚自伊始就是新兴的资产阶级抵抗贵族特权的工具，那种认为时尚只能是自上而下、由上流社会或中产阶级掌控话语的观点显然无法立足。对此，有学者用极端语气给出论断，"……认为时尚风格是上层社会建立以后才逐渐向下渗透散布的理论，显然出了毛病"①。如果说自上而下的时尚用于维护和巩固现存社会结构的功能，那么自下而上的时尚则以颠覆、抵制、叛逆的形式体现着个体化、个性化立场。在英国学者乔安妮·恩特维斯特尔看来，

---

① ［美］坎贝尔：《求新的渴望》，载罗钢、王中忱译：《消费文化读本》，中国社会科学出版社 2003 年版，第 70 页。

衣着、身体、时尚三位一体。她针对衣着、身体、时尚三者割裂开来的状态，提出所谓"情境身体实践"①：时尚表达着身体，提供关于身体的话语，同时又通过个体衣着的身体实践而被翻译成日常衣着。换言之，在日常生活中，时尚切身化了。这种时尚切身化现象在自下而上的时尚趋势中大有以身体编码的趋势呈现。与时尚类似，身体与权力的关系也是辩证的，身体既是权力"规训"的对象而受其控制与管理，但同时也能够作为抵抗和反制权力的工具。从这个意义上说，青年"符号游戏者"媒介想象的社会实践也涉及他们的身体编码，即打破身体的"真理话语"② 和社会规训。在这种身体编码中，由于网络传播技术的介入，身体被编码为图像符号而被青年用来模糊美丑界限、消解性别差异，由此丰润着其"符号游戏者"媒介想象。

（1）美丑界限的打破

在"他建"的媒介形象建构中，有关美丑的二元对立结构是绝对的评判标准，现实世界也在这种评判标准中被分别予以把握。青年利用身体的静、动态呈现形式建构着他们的媒介形象。静态形式，从发式和发色，到耳/鼻/舌钉或环、纹身、身体姿势，直至整形这样的身体改造；动态呈现形式即青年在社会生活中对身体的实际运用。在身体表现层面，前卫的发型、身体裸露、鲜艳

---

① ［英］恩特维斯特尔：《时髦的身体：时尚、衣着和现代社会理论》，邵宝元等译，广西师范大学出版社 2005 年版。

② ［英］霍尔：《表征——文化表象与意指实践》，徐亮、陆兴华译，商务印书馆 2003 年版，第 50 页。

的发色、造型怪异的耳/鼻/舌钉、形态各异的纹身、意义独特的手势或身体姿势、匪夷所思的身体部位整形，以及自成一派的走姿、坐姿、社会交往行为等，无不成为美/丑、善/恶、真/假、洁净/肮脏等真理话语之外的独立标准而用以遮蔽主流文化。这些标准脱离了真理话语中"求知意志"或"求真意志"的体系，而自我建构出独特的时尚标准，让其中勇于尝试的成员成为"引路人"。这种身份会产生一种优越感和满足感，被人嫉妒，进而被更多人接受、效仿，最终形成一种流行风尚。

（2）性别差异的消解

性别差异的消除，一方面体现为看与被看间地位的改变，另一方面体现为性别身体界限的消解。首先，观看地位的改变。在传统审美体系中，女性身体总是被审视的对象，其结果是要生产"驯顺的身体"。身体外观有着一系列的标准予以衡量，穿着、装饰、尺寸、比例、装饰等均有相应标准予以隐蔽管制。当下青年以身体编码来实现身体意义的自我控制和生产，以此实现对身体权力关系的嘲笑。在看与被看的权力关系中，男性作为观看者被赋予了主导地位，女性成为观看对象，观看成为权力关系的鲜活写照："在一个由性别的不平衡所安排的世界中，看的快感被分裂为主动的/男性的和被动的/女性的。"① 女性身体的呈现在于迎合男人的欲望。但在恶搞文化中，女性身体裸露在于调戏男性。一

① ［英］穆尔维：《视觉快感与叙事电影：凝视的快感》，吴琼编，中国人民大学出版社2005年版，第8页。

瞥过后，带来的却是他们被戏弄的尴尬。在这里，男性不情愿地让出其主体地位，女性自我授权成为性感身体的操纵者和胜利者。在更多情况下，裸露的身体是自我凝视的对象，与他人无关，从而消解了男性的主导地位。这也是对传统权力关系里男女观看地位的颠覆。观看地位的更迭，更隐含性别张力的打破，女性身体在一定程度上从欲望视线中脱离，而实现了理性主义男性中心的解构。在这种自我凝视中，身体审美的标准被打破，导致现实身体与理想身体间出现张力，并与"求真"或"求知意志"体系发生偏离。于是，身体裸露、身体自拍以及日常护肤、纹身、美容、美发、美甲、瘦身、整容等身体编码行为，在一定程度上被青年建构为自我视线投向的视像。"真实的我"、"快乐的我"成为青年自我编码的独立话语。其次，身体所标志的性别界限被消解。男性与女性的性别角色在长期文化实践中被固化，但青年的编码实践使身体性别界限被模糊。青年迫切需要实现自我认同和社会认同，凸显个性特征的服饰成为实现认同的途径。中性化服装成为他们模糊性别界限的一种途径。通过这样的服饰，他们渴盼获得所向往群体的接纳。如一些女生男性化，服装、言谈举止、行为方式模仿男生，部分男生则选择紧身、透视、收臀的女式服装。在一些高校出现的"伪娘"现象，以极端方式解构了真理话语中的性别界限。值得关注的还有 Cosplay 中的"易装"和"易性"："易"表达着他们对"他性"性别身份的认同，意味着对传统社会男女二元对立结构的打破，隐喻着对身体政治的某种反讽。Cosplay 活动的匿名性使虚拟角色扮演发生在一个超现实语境中，角色、情节、环境的结合隐藏了现实自我。易装或易性后的角色则更直接地载入了其对异性角色的性幻想和情感体验，表明对完美的理想气质的追求，通过"被授权的社会行为"并允许他们获得身体编码的主动权。这个过程模糊了现实社会的性别制度和身份规范。"易"使他性成为自我认同的载体，用于表达自我的现实需求。Cosplay 的他性成为一个被收藏、赏玩和消费的编码对象。

从视觉文化视角剖析，模糊美丑界限与消解性别差异所实现的身体编码在新媒介时代更倾向于以图像符号形式呈现。这种呈现强调自我凝视所产生的内向快感。这种快感诱惑着青年在社会规范和主流价值体系之外建构认同。这种规避被转换成快乐的选择，因为认同"已经变得具有很强的流动性……；我们现在更有能力去选择各种不同的我们想变成'我'的那些'被提供出来的你们'"①。青年有关身体的自我凝视以及图像符号表征，在某种程度上是认同的选择结果进而建构出视觉的反身性——"一种在我与他（者）的关系中的反观性，它一方面指我从别人那里看到了我自己，另一方面是我在看他人的行为意识到我自己正在看"②。透过对照片中身体的凝视，青年感受到他人所表露的震惊与羡慕，也想象自己正审视着那个真实、快乐的现实自我。在相机/手机"咔嚓"一瞬间，拍与被拍的固有秩序、专业相机的高像素、眼睛水平的拍摄角度、时空选择等传统权力关系都被摒弃，

① Jacques Derrida, *Positions*, Chicago: University of Chicago Press, 1981, p. 41.
② 周宪：《视觉文化的转向》，北京大学出版社 2008 年版，第 92 页。

拍者与被拍者合一、拍摄设备智能化、追求快感的拍摄动机、视觉系或杀马特的夸张风格、身体部位展示，同构出对身体规训的抵抗力量，颠覆了身体的传统审美观念而将视觉/娱乐至上奉为原则。"生理的身体"逐渐摆脱了"社会的身体"的桎梏，美丑、黑白、胖瘦间的界限被消解，身体被反"规训"。相片中的身体成为青年追寻"快乐原则"的符号体系，"反抗与矛盾的嵌入与展现都位于现象的最表层，即符号层面"①，规避与抵制的身体在此被图像符号化了。

三、青年"符号游戏者"媒介想象的特征

在其媒介想象过程中，青年娱乐地打破了能指与所指的固定联结、狂欢式地使用个人化图像符号，并在自我编码中恣意地建构着"符号游戏者"这一媒介形象，其鲜明特征跃然呈现。

1. 与日常生活具有极强的相关性

如果将图像符号虚拟化、数字化视作一种大众文化现象，那么它隐含的是生产与日常生活相关的意义，即相关性。在约翰·费斯克那里，相关性极大地缩小了资产阶级高雅文化与大众文化之间的差异，使"民众"有更多可能去创造相关性。他们知道哪

———————

① ［美］赫伯迪格：《亚文化风格的意义》，陆道夫、胡疆峰译，北京大学出版社 2009 年版，第 19 页。

些文本可以让他们创造出在其在日常生活中起作用的意义。费斯克用"双关语"的例子来说明大众文化对社会秩序的规避。双关语抵制精心制作的文本，躲避趣味，设计矛盾以使读者做出他们自己的判断和理解。"双关语的泛滥为戏拟、颠覆或逆转提供了机会；……"① 费斯克的结论为理解青年所追逐的流行时尚提供了深刻启示。恶搞、身体裸露、纹身、Cosplay、自拍、微视频、微博、极限运动等现象或行为深得青年喜爱的原因，其实就是狂欢式、规避式、解放性的日常生活实践为青年提供了逃离政治话语、文化霸权的途径。相关性从与日常生活的关系出发，赋予青年通过新媒介选择的权力——既从整体生活中选择符号化的对象，也对符号化对象的某些意义做出抉择。在新媒介中，镜头代替肉眼发挥着把握物质世界的功能，移动互联网络与手机、相机、摄像机以及即时通讯软件的结合，增强了图像符号的作用。只要摄入镜头、即时传播，物质世界就被转换为图像符号，青年就拥有了意义生产权。在此，图像符号的某些意义可以被强调，另外的意义则能被人为遮蔽。恶搞行为的正常逻辑被祛魅，快乐原则、快感导向被放大；Cosplay 让父辈、现实规则、真实自我缺席，理想自我、完美人格、纯粹感情得以彰显。按照费斯克的说法，这是一种"符号的抵制"②。这种抵制，倒不如说是解构，后现代性对

---

① ［美］费斯克：《解读大众文化》，杨金强译，南京大学出版社 2001 年版，第 6 页。
② ［美］费斯克：《解读大众文化》，杨金强译，南京大学出版社 2001 年版，第 10 页。

现代性的解构。悠远、宏大的叙事结构被小叙事，或说是日常叙事结构所取代。总体的、宏观的视野总是与理性、政治话语、意识控制联系在一起，而日常叙事则与感性、快乐、快感、当下产生关系。瞬间、碎片和琐细的过程和细节解构了总体的叙事结构，而让碎片化、日常化、即时化的当下询唤着真实的生活。作为相关性的注解，日常叙事和快乐原则反映出日常生活审美化的趋势，并使相关的事物、观念、事件、过程，被符号化、虚拟化、数字化，日常生活在此被转换为图像符号。与此同时，与微小叙事结构、快乐原则紧密相关的视觉性、娱乐性、主体性则成为图像符号凸显的意义。正是在这种语境中，由相关性所主导的新媒介选择机制将青年内心世界视觉化为新媒介能够即时传播、互动共享、娱乐至上的图像符号。由日常叙事结构和快乐原则所控制的媒介形象自我建构成为青年的符号游戏或技术狂欢。

2. 突出个人价值体验

与相关性、日常叙事和快乐原则直接相联系的是个人价值体验。与此相对应的是理性价值的缺席。现代文化的基本特征就是理性，其基本逻辑就是语言建构；后现代文化则把视觉和感性奉为基本逻辑。视觉与感性，从个人感受分析就是价值体验的过程。这个过程包括两个方面：其一，日常生活审美化。在消费社会中，艺术和日常生活的界限被打破，生活模仿艺术而不是相反。艺术的精英主义姿态被民粹主义立场取代，艺术与消费相互利用，日常生活趣味化与艺术生活化或商业化彼此验证、互相支持。从当下消费者追求的象征价值和情感追求来说，形式感或漂亮的外观、多变的形象成为个人价值体验的重心，而新媒介的技术特征充分地满足了这种价值体验的要求。艺术与生活的界限被打破、形式感的强调和新媒介的技术优势的结合，使得青年将日常生活中的所视、所思、所失转换为图像符号通过网络技术装置，尤其是移动互联网络装置进行实时传播、动态共享以实现个人价值体验的主观表达。价值体验的日常生活审美化倾向，让青年更为关注身边的过程、心里的感受、即时的冲动，图像化再现、即时化传输、碎片化采集、去中心化规则成为他们价值体验的行动准则。从这个意义上说，青年在一定程度上将自身提升为日常生活审美化的主体或生产者。其二，碎片化。碎片化与后现代主义有着紧密联系。通过对微小叙事的压抑和排斥来获得合理性的宏大叙事，在后现代语境中被日常叙事所取代。与碎片现象相对应的是，人对事物的体验也发生着同样的改变，最显著的特征是完整性和联系性的打破。碎片化及其价值体验通过新媒体，尤其是移动互联网络技术装置获得充分的体现，青年对观视到的、偶然思考的、瞬间失去的片段、场景、过程都能通过手机、相机、DV 等视觉媒体在即时通讯软件中即时、动态地传输、分享，整体世界被他们通过新媒体技术手段和新技术装置把握为一张张、一帧帧、一幅幅实时、震惊、瞬间的碎片化图像符号。与宏大题材、一致主体、完整结构无关，群体意识被个人、快感、快乐的主观体验取代。在此，个人情感体验以片段、局部、瞬间、断裂的形态予以显现。青年将这样的碎片化情感体验通过新媒介来实现情感沟通、信息交流，移动互联网络装置和即时通讯软件成为承载情感体验的技术工具。青年对物质世界的视觉化把握出现碎片化特征。微博发帖字数的控制、上传图片大小的限制、共享视频容量的限定,由此导致图像符号在个人化、片段式情感体验层面发挥作用。碎片化的图像符号,喻指青年"符号游戏者"媒介想象中的复杂情绪体验。

3. 强调个人感受的即时图像转换

相关性强调青年从意义生产的角度重构着他们的媒介想象。他们将与自身紧密相关的内在情感和外部关系,转换为图像符号并通过新媒介实现传输、共享。个人情感体验则赋予日常生活以审美化的情感色彩,并在片段化的微小叙述中将这种体验图像化为数字信息在新媒体中自由传输。从新媒体选择机制视角来说,不管是对物质世界的自我把握还是审美化、片段化的情感体验,都必须在实时速度中实现即时呈现。由光电子学提供的数字影像和合成幻象的新技术发明,使得人们通过实时拍摄的图像替代亲身在场,而实现了远距离交流、遥控和虚拟购物。正是即时性要求,使得图像符号选择机制必须依赖于新媒体,尤其是移动互联网络及其所支持的各类终端装置来实现实时的图像化把握和占有。新媒体选择机制的即时性,体现在以下几个方面:其一,图像符号采集的即时性。随着数码相机、智能手机、DV、平板电脑的普及,其强大的摄影、摄像功能已使青年能随时、随地把握物质世界、表达主体意识、实现媒介想象。镜头代替了肉体之眼,成为他们技术性观视的媒介工具。镜头的"咔嚓"声成为他们即时观察外部社会和表达内心感受的发令枪响,拍客、播客、博客、闪客、秀客则利用这些图像符号建构意义。他们使用最先进的视觉媒介创造性、娱乐性地生产、享受由此带来的视觉快感。在一定程度上，这样的生产和享受过程遮蔽了政治话语、社会规范、经济约束，各种规训话语在此缺席，媒介再现被转变为娱乐化、快乐原则、去中心化的游戏场域。其二，图像符号传输的即时性。镜头所采集到的图像符号仅是自为之物，它们只有进入到移动、分享、开放、互动的互联网络和移动互联网络中才能实现其媒介价值，而移动互联网络的技术特性决定了图像符号传输的实时性和开放性。微博、微信、陌陌、人人、QQ 空间等网络技术装置成为镜头所观视到的图像符号的狂欢派对，突发事件、有趣场景、内心感受、身体部位无一不成为这场派对中的主角。从这个意义上说，图像符号与视觉媒介的共谋为青年媒介想象创设即时化的技术路径。其三，图像符号意义生成的即时性。图像符号本身无法实现建构目的，只有赋予这些图像符号以特定意义才能完成社会建构过程。"再现指运用语言和形象创造我们周围世界的意义"①，这些图像符号的意义不是孤独地产生于形象内，而是存在于形象与文本的结合中。在采集和传输图像符号的同时，移动互联网络和智能终端设备为意义建构赋予了充分权力。相关性、个人价值体验、日常生活审美化、碎片化的新媒介选择机制让整体世界图像化，物质世界被转换为与青年紧密相关的、碎片化、日

---

① ［美］斯特肯、卡特赖特：《看的实践：形象、权力和政治》，载周宪编：《视觉文化读本》，周韵译，南京大学出版社 2013 年版，第 226 - 227 页。

常微小叙事式的视觉"界面"。在这个界面中，图像符号发挥着凸显主体意识、推动青年媒介想象的视觉话语功能，青年的主体身份和视觉形象生产权首次被掌握在他们自己手中。图像符号采集和传输的即时性，为青年在视觉占有物质世界和表达内心感受提供了技术力量，也使意义建构具有即时性。图像符号采集、传输、意义固定的即时性，一方面是青年视觉化把握这个世界的图像符号选择机制，另一方面他们对这个日渐虚拟化社会的主动适应过程。

4. 凸显自身形象的奇观性

在时尚现象日益"界面化"的当下，青年媒介想象趋向奇观化或炫示性，各种"震惊"式图像符号充斥于各种界面。居伊·德波和道格拉斯·凯尔纳分别分析了奇观现象。如果将德波提出的景观社会视为宏观的奇观现象，把凯尔纳提出的媒介奇观视作中观现象，那么青年生产的个人化倾向可以被视作微观的个人化奇观。"景观的本质是拒斥对话"[①] 体现了景观社会所要建构的虚幻目标，而它"体现当代社会基本价值观、引导个人适应现代生活方式"[②] 则是要实现"景观的'屈从式消费'"。青年用实际行动对屈从式消费做出了回应。他们将形式的震惊、表象的刺激、感官的冲击，通过颜色的混搭、失调的结构、反常的节奏、失序

---

① ［法］德波：《景观社会》，王昭风译，南京大学出版社 2006 年版，代译序第 15 页。
② ［美］凯尔纳：《媒体奇观》，史安斌译，清华大学出版社 2003 年版，第 2 页。

的关系来呈现，并整合在由新媒介建构的各种"界面"中。景观社会带来的控制与压抑，媒体奇观所导致的社会矛盾，在新媒介时代更多地体现为微小叙事层面的个人奇观。娱乐、速度、体验成为这种个人化奇观的表征。炫示性的青年媒介想象具有鲜明的个人化特征，这种形象的个体式奇观已然生成。个人化奇观，是把青年日常生活、社会关系、情感发展中的静态图片或动态影像方式，通过互联网络和移动互联网络传播、分享的片段、瞬间、局部。如果将社会景观、媒介景观所蕴涵的基本逻辑，概括为"少数人"或大众传媒所制造、生产而由多数人或观者观看或消费的被动式奇观，那么个人化奇观则属于由青年自行生产、制造的主动式奇观。在这里，具有可言说性的生活细节被转换为具有强烈视觉吸引力的影像和画面，快乐、速度、体验都在图像符号中直观地、即时地、娱乐地得到视觉呈现。于是，图像符号及其新媒介传播允许青年将日常生活中引发个人价值体验的，能够即时实现共享的一切信息都转换为个人化奇观。

第三章
青年"文化参与者"媒介想象

　　如果将图像符号视作青年媒介想象的表征方式，青年亚文化则在一定程度上成为青年媒介想象的内容来源。网络字幕制作、各种恶搞行为、自拍照、Cosplay、成人电影网络转喻、国货新时尚、网络微视频、微电影等青年亚文化实践在与父辈文化、传媒文化、精英文化保持一定距离的同时，却又对这些主流文化形态形成一定的影响。青年利用具有鲜明"风格"的青年亚文化实践吸引着主流文化的关注，并将其与父辈文化、传媒文化、精英文化相互渗透、彼此融合。如果将青年的青年亚文化实践视作文本，那么这些文化实践在现实生活中的原初状态、新媒介的即时传播、大众传媒的密切关注中实现了文本转换。青年"文化参与者"媒介想象在这样的文本转换中逐渐明晰、饱满。

一、青年"文化参与者"媒介想象

从青年群体的共性来说，西方国家有关青年亚文化的文献成果对我国青年亚文化，尤其是青年群体文化现象研究具有一定启示意义，从而为深入探讨青年在青年亚文化领域的媒介想象提供了方法论指导。后亚文化所强调的亚文化资本、新族群、场景等概念都强调将商品和媒介作为符号资源，鼓励青年群体去创造性地消费，"合谋"成为后亚文化的基本逻辑。从"抵抗"到"合谋"，揭橥后亚文化"当然缺乏……那种'抵抗'型亚文化的反叛性，简直成了身份政治的'自恋'式表演"①。"'自恋'式表演"一语道破亚文化群体意欲何为，也道出了"合谋"的本质——想象性地参与到主流文化中去。通过这种文化参与，青年在与商品、媒介的合谋中逐渐实现"文化参与者"媒介想象。

（一）在意义改编中的"文化参与者"

青年亚文化被视为青年社群展现日常生活的"有意味的形式"，也被看作是一套构成青年小众群体特定生活方式的符号系统——风格（style）。风格不仅包括一个群体的衣食住行所用的各类"物"件，而且包括他们如何穿用这些"物"的方式，以及这类

---

① ［英］班尼特、哈里斯：《亚文化之后：对于青年文化的批判研究》，中国青年政治学院青年文化译介小组译，中国青年出版社2012年版，总序第17页。

人共同而特定的言谈举止等符号要素。总体来讲，伯明翰学派观点可概括为"风格"、"仪式性抵抗"、"收编"三个关键词。尽管针对的是英国 20 世纪 70 年代中期的亚文化群体和亚文化现象，但伯明翰学派观点对于当下中国的青年亚文化仍有积极的启示意义，所不同的是中国青年亚文化群体和青年亚文化现象具有较为温和的协商式特征和娱乐化倾向，主要体现在审美、休闲、消费等领域。"新媒介时代的青年亚文化，往往更长于表征似乎完全属于自我化或虚拟化的感性世界，而不是公然地'抵抗'现实间存在的文化形态，更不愿意与父辈或权威文化发生正面的'冲突'；它们不仅抹去了横亘在主流和非主流之间的森严界限，隔断了主体与现实之间的人文关注，而且有时候还经常颠倒真实与虚拟的逻辑关系，将真实虚拟化、虚拟真实化。"① 在这种暧昧关系中，青年亚文化抵抗的仪式性、想象性、象征性，产生了范围上的广泛性和抵抗程度上的微小性。有学者将其称为"蔓生长"和"微抵抗"②，并列举了来自各个领域的青年亚文化现象。对流行音乐而言，崔健摇滚、周云蓬和川子的民谣是青年亚文化；对央视春晚来说，山寨春晚是青年亚文化；对普通受众而言，粉丝群体是青年亚文化；对陈凯歌和《无极》而言，胡戈是青年亚文化；对商业大片和主旋律影片而言，独立影片是青年亚文化……再如数

---

① 曾一果：《恶搞：反叛与颠覆》，苏州大学出版社 2012 年版，总序第 4 页。
② 胡疆锋：《中国当代青年亚文化：表征与透视》，《文化研究》2013 年第 3 期。

字短片，有学者①以优酷网和 56 网的原创数字短片为例，梳理了所涉主题：恶搞、爱情、真实记录、校园生活、对打、动漫游戏、关爱、民工生活、怀念童年、奋斗、战争与和平等。按所占比例依次排列的数字短片主题，从深度上说明了青年亚文化的广泛性。在如此广泛的领域中，青年群体刻意与父辈文化、传媒文化、精英文化保持距离，以此来象征性地"解决"主流文化与次属文化、成人文化与青年文化、精英文化与草根文化间的冲突、不平等问题。"保持距离"与"象征性'解决'"反映出青年亚文化与主流文化既相互依存又相对独立的关系。必须强调的是，青年亚文化与反文化、负文化存在区别。反文化崇尚暴力、文化革命、政治对抗，渴望全面取代主文化，如法国五月风暴、台湾红衫军。负文化则是缺失基本价值观的一种失序文化，如滥性、吸毒、犯罪。真正的青年亚文化是一种认同文化，即认同主文化所提倡的价值体系和社会规范，整体体现为既解构又建构的创造性，并利用拼贴、同构、颠覆、表意实践、异轨等策略来传达他们独特的声音。青年亚文化在一定程度上是通过风格的表现形式表达青年群体对参与主流文化建设的渴盼和期望。青年亚文化的这种抵抗，不是颠覆性的完全反体制或替换现有体制，而是通过符号实践来实现，在审美领域或消费空间完成，完全可以概括为微抵抗。对于青年来说，以风格为表征的"蔓生长"与"微抵抗"成为他们在青年

---

① 董天策、昌道励：《数字短片的青年亚文化特征解读》，《中国地质大学学报（社会科学版）》2010 年第 6 期。

亚文化领域所着力凸显的"文化参与者"媒介想象的组织形式，而视觉建构成为这种媒介想象的表征机制。利用以自媒体为代表的所谓"新新媒介"①，青年通过图像符号与风格的结合来实现"文化参与者"媒介想象。亚文化所代表的对霸权的挑战，并不是直接由亚文化产生。更确切地说，它是间接地表现在风格之中，即符号层面②。新媒体与视觉文化的有机结合，使得青年的风格不仅变得可视化，也变得"界面化"了，即互联网络、移动互联网络及其载体，如手机、电脑、IPAD让风格线上化了。青年不仅利用风格的评判功能与身份的表达功能，还用它来实现意义的改编。从风格的形成来看，重要的不是服装、音乐、仪式、暗语、空间本身，而是它们如何被使用的方式。斯图亚特·霍尔对此的观点是，"新的青年工业提供了原料、商品，……被群体在建构独特的风格时使用，这意味着不仅仅是要偶然地把它们收集起来，而是积极地通过一种对商品的特别选择建构成一种风格，这经常包括要颠覆和转换这些物品，把已知的意义和用途转向其他意义和用途"③。"收集"与"特别选择"以及"颠覆和转换"、"转向"等关键词鲜明地揭示风格物品的独特使用，使其自身成为意义改编的有效策略。英国伯明翰学派所强调的亚文化风格的形成，实质上也能充分解释风格深受青年认可的原因。作为风格的视觉表征，

① ［美］莱文森：《新新媒介》，何道宽译，复旦大学出版社2011年版。
② Dich Hebdige, *Subculture: The Meaning of Style*, London: Methuen Press, 1979, p. 17.
③ Stuart Hall & Tony Jefferson ed. , *Resistance Through Rituals: Youth Subcultures in Post – war Britain*, London: Hutchinson, 1976, p. 54.

时尚充分发挥着青年亚文化的选择功能和"意义转向"机制。在网络流行语领域，改编广告语或影视剧台词、粗话含蓄化、改造诗词，是他们实现意义改编的主要策略。"不明觉厉""快到碗里来""装13""我去年买了个表""待我长发及腰"等网络流行语借用了广告语、台词、正常陈述、古诗词等具有既定意指的能指，却将其所指置换为具有各种特定含义的含蓄意指。在此，所指与能指之间约定俗成的关联被打破，所指被置换而用于实现青年真实的意图：或释放激情、或缓解焦虑、或宣泄不满、或寻找自我以及个体和群体身份的认同。在服饰领域，混搭风格强调将各种元素搭配在一起，不同风格、相异面料、各种价位的服装按个人喜好进行"拼贴"，解构了各种元素所拥有的符号特征或意义体系，在一定程度上是吁请高雅文化、传媒文化、精英文化、父辈文化的关注。青年在混搭或"拼贴"中完成对原有元素意义的消解，从而表征出新的冲突意义。相类似的例子还有前述论及的军训服和学位服的改造使用。如果说网络流行语和服饰领域的风格从静态视角实现着意义改变的目标，那么行为领域的风格则从动态、震惊、公开的角度向父辈文化、传媒文化、精英文化发出呐喊，进而确定这些特定行为/活动的全新意义。极限运动，以自组织的形式将运动内容转换为对既有规则的不屑和逃避。极限运动由普通运动项目发展而来，突破了场地、空间、时间的限制，从某种意义上说是对传统运动规则的突破。极限运动自组织从组织层面实现了意义的差异化，即打破"他组织"，如共青团组织、党组织一统天下的格局，而让青年能在"趣缘"，即以爱好为纽带形成的非官方组织中实现个人认同和群体认同。极限运动参与者多由自组织发起，通常利用可识别身份的符号、共同偏好的具体活动保持凝聚力。与"他组织"相比，自组织存在独立性、松散化、活动导向的特点，"当下中国大多数青年自组织主要依靠'趣缘''业缘''地缘'聚合起来，少数青年自组织通过资源整合结社"①。同时，极限运动，如攀岩、高山滑翔、蹦极跳、轮滑 U 台跳跃、跑酷等，以融入自然、挑战极限、突破自我为目标，突破了传统运动项目在空间、时间、规则、场地、服装等方面的限制而使青年在自由宽松的氛围、炫目鲜艳的服饰、潇洒奔放的动作、节奏强劲的音乐中实现身体极限的突破、时空限制的打破、传统规则的颠覆、世俗目光的无视。更准确地说，极限运动成为青年用于媒介想象的风格符号。此外，身体领域和媒介领域的风格也存在青年意义改编的例子，如文身、自拍、Cosplay 等。通过这些领域的时尚行为，青年把风格作为实现自我认同和对外区别的标志，同时利用新媒介的图像表征功能把自己刻画为与主流文化、父辈文化、传媒文化及其再现的媒介形象有所"差异"的文化参与者。必须强调的是，新媒介语境下的青年亚文化在弱化抵抗色彩的同时，抵抗意义被稀释于娱乐化表达中。网络视频由"艺术作品"转向"生活再现"，网络语言由"严谨合规"转向"生造逗乐"，网络图像被恶搞 PS，甚至一切传统、经典、权威、主流的文学成果都面临被颠覆和解构的可能。恶搞亚文化即是最典型

---

① 马中红：《2012 年中国青年亚文化研究论略》，《青年探索》2013 年第 6 期。

的范例。其他在新媒介环境中呈现的文化类型，也都充满着这种自娱自乐和无厘头的色彩。凡此种种，均在"差异"的名义中表达着青年努力将自己想象为与主流文化、父辈文化、传媒文化既存在认同、又保持距离的"文化参与者"。

青年亚文化风格的形成与呈现，既有现实原因，也有深层因素。首先，从现实层面分析，青年亚文化风格首先是对青年所视、所思、所失的想象性解决或象征性解决。改革开放以来 30 余年的社会变迁导致社会整体结构发生巨大变化，政治、经济、文化、教育等领域均发生深刻的变革。再加上青年正处于青春期的生理、心理状态，促使青年将其看到的、想到的、失落的，都融入青年亚文化风格中，并进行想象性的解决。其次，利用人为制造的"差异"来实现社会文化的参与。亚文化由"意义体制、表现模式和生活方式所组成，它反映了社会非主流群体渴望打破社会结构矛盾的尝试"①，青年亚文化总是在边缘性的社会地位中用风格符号来表达他们的渴望。复返青年自身的角度，风格的意义及其改编，是为了制造"他者的景观"②，即把自己想象为与其他阶层、群体有差异的个人和群体，从而希望引起社会文化的关注与认可。被想象出来的"他者"总是在含蓄意指层面被解读，因而有必要对"他"与"我"间的"差异"进行探讨。根据索绪尔的

---

① ［加］布雷克：《越轨青年文化比较》，岳西、张谦等译，北京理工大学出版社 1989 年版。
② ［英］霍尔：《"他者"的景观》，载［英］霍尔：《表征——文化表象与意指实践》，徐亮、陆兴华译，商务印书馆 2003 年版，第 225 页。

观点，"差异"之所以重要是因为它是意义的根本，没有它，意义就不存在。从这个意义上讲，意义是关系的产物，正如白从黑那里获得意义，反之亦然。正是白与黑之间的差异在指出意义，承载意义。"意义依赖于对立者的差异。"① 与这种观点紧密相关的结构是二元对立结构，如白人/黑人、男人/女人、上层阶级/下层阶级，在二元对立的各极中始终存在着一种权力关系。"差异"观点，道出了青年亚文化风格的含蓄意指，即青年将自己想象为与父辈、学校、社会大众、大众传媒相对的"他者"，风格成为"他"与"我"相互对立、彼此相倚的"区隔"。至于二元对立结构的"我"／"他"还是"他"／"我"，则成为权力争夺，或意义生产权力争夺的焦点。另一方面，人类学观点认为文化取决于给予事物以意义，这是通过在一个分类系统中给事物指派不同的位置而做到的。因此，对"差异"的标志，就是被称为文化的符号秩序的根据。按照英国人类学家玛丽·道格拉斯的观点，真正扰乱文化秩序的是在事物出现于错误的类属或不能适合于任何类属时对我们未写出的规则和信码的破坏，如水银、混血儿。稳定的文化要求各种事物待在它们指定的位置上。符号的边界使各类属保持"纯粹"，赋予文化以其唯一的意义和身份。扰乱文化的是"不在其位的事物"②，对此，人们要做的就是扫除它，把它扔出

---

① ［英］霍尔：《"他者"的景观》，载［英］霍尔：《表征——文化表象与意指实践》，徐亮、陆兴华译，商务印书馆 2003 年版，第 237 页。
② ［英］道格拉斯：《纯粹与危险》，黄建波、柳博赟、卢忱译，民族出版社 2008 年版。

去，恢复所处的秩序，使事物返回正常状态。根据"差异"的人类学解释或符号学观点，风格则是青年刻意在符号边界间或边界外制造的"不在其位的事物"。他们以时尚的先锋姿态扰乱确定的文化秩序，其目的就在于制造与主流文化、主导文化、父辈文化、精英文化间的差异来吸引它们的侧目与关注。风格所形成的"差异"在服装、网络流行语、行为、身体、媒介等领域的时尚行为中获得鲜明呈现，这也正是巴布科克所强调的"符号中心性"与"社会边缘地位"间的反差。在这里，青年人为制造的"差异"，在青年亚文化风格中的体现，就是他们对意义的改编，或对风格符号含蓄意指的刻意放大。在风格的"差异"呈现中，青年主动地把已有事物的含蓄意义掠为己有。含蓄意指成为他们对参与主流文化、精英文化、父辈文化的某种吁请。对意义改编的目的，有学者认为是"青年可以用青年亚文化这种'弱者的武器'来参与公共生活，在日常生活中进行'隐蔽'的微观的反抗，底层参与政治的危险性可以降到最低值"①。事实的确如此。但除了参与社会生活之外，青年的意义改编行为还与从被动接受者转换为主动生产者的快乐与快感有直接联系。在现实生活中，青年将其所视、所思、所失转换为风格化的时尚。从网络语言到服饰、身体、行为，它们无一例外都被青年扔掉了原有的所指，对其能指进行了再加工。换言之，实施了意义改编。如果将这些青年所创造的时尚视为文本，那么费斯克设计的梯形状文本结构则解释了这些

① 胡疆锋：《中国当代青年亚文化：表征与透视》，《文化研究》2013 年第 3 期。

文本的开放性和生产性特征。大众文化文本被费斯克称为"三级文本"①，由初级文本、次级文本和三级文本构成。青年创造或重构的风格符号构成初级文本，以原创性、原生态、独立性的形态呈现在现实生活中，而大众传媒将初级文本再现为媒介文本并吸引社会舆论关注。在深入报道和持续关注中，次级文本与日常生活发生关系并对其产生一定影响。在此过程中，青年作为初级文本的编码者将能指与所指的原有关系打破，并植入新的所指。他们遮蔽了父辈规则、社会规范、编码原则，以生产者姿态自行撰写着文本、公开邀请着解读，意义改编者的快乐和快感由此而生。从这个意义上说，青年并非为了单纯的仪式性抵抗，而是为了从意义改编和文本生产所形成的"文化参与者"想象中获取快乐。必须指出的是，青年亚文化不能简单地等同于青年"文化参与者"媒介想象。然而，青年亚文化实践使青年在与父辈文化、传媒文化、城市文化保持一定距离的过程中，象征性地想象出利用意义改编来参与到主流文化中去的"文化参与者"角色。

（二）青年"文化参与者"媒介想象的合谋逻辑

青年亚文化与新媒介的结合，让青年在界面化的意义改编中更加彻底。如果说仪式性抵抗是青年改编意义的象征，那么与商品和新媒介的合谋则是他们实现意义改编、完成"文化参与者"媒介想象的决定性力量。值得强调的是，青年所拥有的新媒介意

---

① ［美］费斯克：《理解大众文化》，王晓珏、宋伟杰译，中央编译出版社2001 年版，第 150 – 151 页。

识和使用技术，使他们能对散乱、去中心化的青年亚文化内容予以整合，构建了相对完整的文化身份。"今日青年亚文化具有强烈的媒体意识，参与其间的成员娴熟地使用媒体，尤其是新媒体。媒体在青年亚文化的内在建设中扮演了重要角色，促进了多样的、散乱的文化的融合，造就了身份的完整性，巩固了亚文化的地盘，并区隔了其他亚文化类型，甚至为亚文化组织的包容性和政治性提供了更大可能。"① 总体来说，消费主义的介入、身份的混杂、新媒体的整合成为青年亚文化理论建构的内驱力。青年利用媒介和商品等符号资源实现意义改编、制造文化"差异"，来实现其参与社会文化的目的。我国学者马中红在谈到新媒介对青年亚文化的影响时，归纳出四个方面的转向：借助网络媒介实现了从"小众团体"向整体青年社会开放的"普泛化"转向；通过谙熟地使用新媒介技术为自身赢得了更为阔大和自由的"书写"空间；通过新媒介技术的多媒介、多兼容、多互动的诸种特性，青年亚文化突破了传统亚文化风格的表达惯例，获得了更自如的、多样化的表达方式；青年亚文化的文化类型也迅速由单一向多元转向，致使基于网络新媒介技术的青年亚文化类型层出不穷，此起彼伏②。从青年与新媒介的关系来看，这些影响可以视作是青年利用新媒介实现自身主张、扩大话语权、获得更大意义生产权的结果。网络字幕组是新媒体时代新出现的，而尚未受到广泛关注的一个

---

① 马中红：《从亚文化到后亚文化——西方青年亚文化研究理论范式的流变》，《中国社会科学报》2010 年 11 月 16 日。

② 马中红：《新媒介与青年亚文化转向》，《文艺研究》2010 年第 12 期。

群体，是伴随着 P2P 共享软件盛行而隐身于各种国外/境外新影视剧后的制作团队。"具备一定外语水平、计算机水平，教育程度较高的在校青年、都市白领、专业精英等对外来文化充满渴望的年轻人"① 改变了以往由政府机关和主流媒体，如国家新闻出版广电总局及电影制作公司、各级电视台控制的影视剧播放格局，颠覆了由行政力量和技术力量决定的单向传播、意识形态渗透意图。他们在赛博世界中利用各种可随意下载的字幕植入软件"实现对主流媒介控制的影像霸权的冲击、抵制、反抗，自我想象作为亚文化群落身份认同的积极行为"②。在这种编码权的争夺中，各种汉化了的最新美剧、日剧成为青年自行编码、自由分享的时尚资源。"字幕组成员通过网络技术获得了对于文本一定意义上的掌控权，这种掌控权使得他们有机会实现其对于文本的消费、改造、恶搞，以及拼贴等一系列行为。"③ 原初的国外/境外影视剧作为文本，被以青年为主的字幕制作团队通过内嵌或外挂字幕的形式编码为即时、共享的娱乐资源。其间的个人化、恶搞式、即兴化风格充分揭示他们打破规则限制、彰显个人价值、实现群体认同、建构文化差异的快感和快乐。不止网络字幕组，其他新出现的青年亚文化现象都源自一种新媒介或新途径，如恶搞、网游、自拍、Cosplay 等，验证着"一切新文化都是青年亚文化"④ 的判断。亚

① 孙黎：《青年亚文化视角下的网络字幕组文化》，《编辑之友》2012 年第 4 期。
② 孙黎：《青年亚文化视角下的网络字幕组文化》，《编辑之友》2012 年第 4 期。
③ 孙黎：《青年亚文化视角下的网络字幕组文化》，《编辑之友》2012 年第 4 期。
④ 蒋原伦：《一切新文化都是青年亚文化》，《读书》2012 年第 10 期。

文化资本，以及新部族、生活方式、场景，在新媒介时代是以界面化形式出现的，而承载它们的是所谓的"新新媒介"①。新新媒介（new new media）都是当代最热、最受追捧的那些媒介，如博客网、维基网、"第二人生"、聚友网、脸谱网、播客网、掘客网、优视网、推特网等——互联网上的第二代媒介。"新新媒介"，是相对于新媒介概念而言的，前者具有更强的自媒介特性。后亚文化的核心要素一俟界面化，新新媒介的自媒介功能就将青年的内心世界、行为举止等个人信息转换为公共信息，而其图像化的表征方式赋权于青年打破媒介形象的固定规则，在新媒介中充任编码者。从这个意义上说，青年天然地与新媒介存在着合谋的条件，而消费社会则让这种合谋更加彻底。

　　快速发展的社会经济使人"受到物的包围"②，整体社会都围绕着消费活动、行为来组织，商品的使用价值和交换价值成为消费社会中最基本的社会价值准则。"在消费社会中，个体在很大程度上是依据商品和服务来建构自己的认同（身份），所以消费社会中的形形色色消费品淹没、遮蔽甚至取代了这些传统的认同范畴。"③ 青年在这种身份建构转向中，利用商品及消费行为不仅能快速地变换身份，而且还制订身份建构规则，商品成为他们随意利用的符号资源。新商品一上市，旋即吸引了青年的关注，"引路

---

① ［美］莱文森：《新新媒介》，何道宽译，复旦大学出版社 2011 年版。
② ［法］波德里亚：《消费社会》，刘成富、全志钢译，南京大学出版社 2000 年版，第 1 页。
③ 严亚：《视觉时代的主体性身份建构与品牌象征》，《中南大学学报（社会科学版）》2012 年第 6 期。

人"或尝鲜者的产品体验迅速地在人际沟通和人际沟通的"圈子"分享，敢于尝试的引路人和尝鲜者形成"亚文化资本"。亚文化资本借用于布尔迪厄的"文化资本"概念，后者是通过造就社会地位的家庭教养和学校教育不断积累起来的知识。文化资本是区隔体系中的关键之物。"亚文化资本体现于'内行人'身上，内行使用当前流行的俚语和打扮，看起来好像你是天生就会表演最新的舞蹈风格。"① 能够形成亚文化资本的新商品范围广泛，从苹果最新款手机到新一代的平板电脑，从最新潮的服装到运动装备，从最新的电子游戏到最新引进的极限运动，只要够潮流就会被青年关注。正是消费，使他们建构新部族、体验物质化的生活方式，进而使他们在去政治化的娱乐化场景中建构碎片化的身份。新媒介和商品的符号资源性质，诱惑着青年利用它们进行意义的再生产。

二、青年"文化参与者"媒介想象的总体轮廓

许多学者不再关注特殊的亚文化风格，而将注意力转向了年轻人的日常媒介消费和商品消费，因为年轻人可以从消费行为中将媒介和商品作为可利用的资源发挥创造性作用。后亚文化的逻

---

① ［美］桑顿：《亚文化资本的社会逻辑》，载陶东风、胡疆峰主编：《亚文化读本》，北京大学出版社 2011 年版，第 359 – 360 页。

辑在媒介消费的新语境中逐渐显现：消费可以是年轻人发挥其主体性创造行为的过程，商品和媒介是他们可利用的符号资源。无论如何，青年人与新媒介、商品已经达成某种程度的合作关系，他们互为媒介，青年人从新媒介和商品那里学习新技术和新知识、获取原材料从而成长为社会的主导因素之一，而新媒介和商品则利用青年人获得推广和普及。从这个意义上说，青年在青年亚文化，乃至后亚文化中获得了一定程度上的意义编码权，进而对主流文化产生影响。他们解构了由大众传媒建构的标准化、刻板化甚至妖魔化的媒介形象，而在新媒体时代和视觉文化背景中充分利用新媒介和商品主动地进行媒介想象。在亚文化领域，青年以各种各样的时尚风格、恶搞实践，甚至成人电影来创造其"亚文化资本"、形成"新族群"，并最终完成"文化参与者"的媒介想象。从其特征分析，青年在青年亚文化领域所刻意想象的"文化参与者"呈现出矛盾而又饱满的总体轮廓。

（一）自我张扬却又物质化

青年所追逐的时尚风格具有三个层面的信息：第一，风格具有文化认同的建构功能，是个人认同和群体认同的表达。第二，风格是对其物化形式"物"的分类。风格不仅涉及"做什么"，还关涉"怎么做"，即听什么、穿什么、说什么以及为什么这么听、这么穿、这么说。第三，风格是"有意味的形式"，经常含蓄地表达隐藏其后的意指。风格的这些信息均统合在张扬的视觉表征，尤其是图像符号中。无论是网络流行语、服饰领域，还是行为和身体领域的时尚现象，莫不将张扬、另类、前卫、震惊的视

觉表征作为青年想象其"文化参与者"角色的主要手段。张扬的
视觉表征是以充裕的商品和可用的媒介手段为基础的。在后亚文
化里，青年人尤其是青年与商品和媒介合谋、"相互剥削"，商品
为他们提供娱乐、消费和表演的实在意义，与政治似乎无关。同
时，媒介成为"符号资源"供其创造性建构社会身份。在这种语
境中，时尚风格转变为自恋式表演的意义生产场域，与商品和媒
介共同建构着整体的生活方式。大量的文化活动和媒介形式，如
肥皂剧、广告、电影、青少年杂志、流行音乐、时尚及发行、移
动互联网络、新媒介被青年用来作为创造性表达的材料，他们的
消费方式再现了"一种关于认同、空间、文化形式的自我创造，
拥有自我的文化授权"[1]。必须强调的是，利用商品和媒介所生产
的视觉表征同时受制于商业利益。正如史蒂文·迈尔斯（Steven
Miles）所说，"……青年人因大众媒介而获得了解放，而同时也
被它限制了——大众媒介为他们提供了画布，但是只有一管油彩
可供他们在这块画布上使用，这就是消费主义"[2]。从这个意义上
说，青年的"文化参与者"角色其实表征出自我张扬却又物质化
的媒介形象。

（二）反抗权威却又模糊责任

伯明翰学派极富开创性和想象力的丰富成果，如亚文化解释

---

[1] Paul Willis, *Common Culture: Symbolic Work at Play in the Everyday Cultures of the Young*, Milton Keynes: Open University Press, p. 82.

[2] Steven Miles, *Youth Lifestyle in a Changing World*, Buckingham: Open University Press, 2000, p. 85.

模式：奇异外观——暴露展现——道德恐慌——商业收编，让人们改变了成人社会对下层阶级青年日常生活方式的看法，为进一步深入探查青年群体"风格"追求背后的各种动因确立了科学路径。在现实生活中，青年的确存在把商品和媒介作为"符号资源"而予以"剥削"的情况，这与大众媒介所建构的青年媒介形象大相径庭。青年媒介想象的本质特性就是他们对其自身形象建构的主动性，而这种主动性在一定程度上是以对社会文化的"仪式性抵抗"为标志的，如对需严格报批的示威游行而言，快闪族是青年亚文化；对传统的异性恋而言，耽美是青年亚文化；对"豆腐渣工程"而言，"楼歪歪"和"楼脆脆"等"戏称"和恶搞歌曲是青年亚文化；对那些"爱党爱国"却不爱民的雷人官话而言，微博和手机上转载的段子是青年亚文化。示威游行规定、爱情伦理、官方发言规则等，对青年来说意味着正式、统一、理性的权威规范，在有限范围内利用亚文化实践打破这些规范是青年媒介想象所追求的快乐和快感。然而，伯明翰学派假想出青年消费行为的政治抵抗性，甚至想当然地认为生活消费品一律都会被用于各种抵抗策略，从未真正考虑过青年人为了娱乐而扮演各种亚文化角色这一问题。在亚文化实践中，青年在"仪式性抵抗"中却模糊了其责任。如青年打破了图像符号的能指与所指的固定联结，却又不对承担由此产生的结果。快闪族在公开场合快速、统一地展示特定动作、表达同一主题，但却并未考虑此举对社会秩序带来的不利影响，也未进一步对所涉主题进行社会积极意义的扩散和渗透。青年似乎仅仅满足于在过程中享受"仪式性抵抗"所带来的快乐和快感，而对其承担的社会责任认识不足。再如涂鸦，青年利用夸张、鲜艳、前卫的符号在墙上呐喊，甚至质疑和挑战，但却未能就他们的愤怒、迷茫、彷徨提出有效、合理的解决方案，似乎更重视质疑和挑战本身。

（三）戏谑规则却又强调公平

在青年所想象的"文化参与者"角色中，以时尚风格为代表的亚文化实践不仅"抵抗"着权威规范，更戏谑着社会约定俗成的规则和标准，并从中获得快乐。语言领域的固定规则被网络语言所消解，服饰领域的搭配规则被自我张扬的穿着偏好所替代，身体领域的审美标准被身体自我观视的快乐所解构，行为领域的含蓄准则被"新族群"内部的标准所遮蔽。在青年那里，以时尚风格为表征的亚文化实践把对社会规则的玩弄、戏谑视作群体认同和个人快乐的源泉，但却要求学校、家庭、大众传媒对其采用去偏见化的视角予以公平对待。实际上就亚文化实践本身而言，相当一部分时尚行为就是这种要求的直接体现。如恶搞视频、改造的军训服、成人电影的网络转喻等，无不通过通过拼贴、同构、表意实践等手段吁请社会正视青年。通过亚文化实践，青年"自建"媒介形象呈现出自我张扬却又物质化、反抗权威却又模糊责任、戏谑规则却又强调公平的总体轮廓，它以对立统一的关系诠释着青年这个独特的群体及其亚文化所具有的复杂心态。

（四）个案分析——网络转喻中的文化参与者

成人电影是青年亚文化中特殊的构成部分，它不符合社会规范和伦理道德但却又在青年群体中广泛存在。成人电影被他们进行意义转喻而成为对主流文化产生一定影响的亚文化资本。凭借这些亚文化资本，青年在父辈文化、传媒文化、精英文化的深刻反思中以"新部落"的组织形式想象出"文化参与者"形象。

"成人电影"是由英文短语"Adult Movie"直译来的，出现伊始主要是指符合一些国家的电影分级制度，能够在各大院线上映的软色情电影与硬色情电影。伴随影音技术的快速发展和迅速普及，市面上出现了一些以性爱场面为主要内容的影像制品，"Adult Video"被用来泛指这类产品，也就是通常所说的 AV[①]。一份针对青年的分析报告[②]指出，超过 80% 的被调查者认为周围人群浏览过色情网站，接近 50% 的被调查者承认自己看过性交图像和影视剧，表明青年接触包括成人电影在内的色情内容已成普遍现象。成人电影在我国高校的隐秘流传，是伴随着改革开放后经济的迅速发展、社会思想的逐渐开放、信息传播技术的快速普及实现的，也与青年正值青春期的生理和心理特点以及对违犯社会规范、道德伦理所产生的某种快感有关。在一定程度上，也与我国性教育的缺失有一定关系。成人电影存在于青年群体内部但又隐然于社会公众和大众传媒。然而，受到以互联网为核心的新媒介的深刻影响，成人电影脱开其原初形态，而以网络流行语的形

---

① 沈小风：《从成人电影到网络热词——一种青年亚文化现象解读》，《青年探索》2013 年第 2 期。

② 王培、曾凡：《网络色情与性教育影响青年的对比分析》，《中国性科学》2009 年第 3 期。

式实现其文化升华。青年成功地通过成人电影与传统性观念、主流价值观、道德规范保持距离。同时,青年却又让成人电影实现网络转喻,并使其成为参与社会文化发展的工具。

利用成人电影网络转喻所形成的亚文化资本和组织形式,反映出青年渴望融入主流文化却又与其保持距离的媒介想象欲望。成人电影观看行为是隐喻着身体崇拜,裸露的身体承载着对身体的膜拜及对主体思想的拒绝。对成人电影和裸露身体的赞赏,意指青年对自己生理欲望的理解和对现实压抑的嘲讽,而由它们升华而来的网络转喻则传达出青年对现实的不满和妥协。他们希望通过网络转喻将主流社会规范和道德伦理以及父辈文化所不允许的非法内容合法化。这在一定层面上揭橥青年终归会回到主流社会的总体趋势。成人电影属于负文化的范畴,但经过青年通过人机传播进而实现人际传播,从意义的特指转变为意义的泛指,从指向青年的身体部位转而意指青年的所视、所思、所失,这种负文化被赋予了更深层次的意义并变为某种形式上的认同文化。成人电影从个人的隐秘行为,到寝室室友的集体围观,再到群体间的信息共享,最后通过人机传播实现其意义升华,人际传播与网络传播的结合成为意义转喻的途径。一份有关网络青年亚文化传播路径的调查报告①结果显示,网络情色文化的传播路径主要为"与室友卧谈",但值得注意的是"网络分享""发表博客日志等

---

① 征鹏、浦颖娟、孙艳:《网络青年亚文化类型特点与传播路径调查报告》,《中国广告》2009 年第 7 期。

评论""短信""论坛跟帖""在网络上发起新的情色话题"等凭借互联网络实现的信息分享行为也占据一定比例，说明网络传播也成为网络情色文化的分享途径。正是如此，成人电影逐渐成为青年意义改编的对象，也是与主流文化保持一定距离的手段。而以此为源泉的口号、照片、网络流行语被他们提炼并广泛传播。大学课程《高等数学》简称为"高数"，因其与日本 AV 女优高树（高树玛利亚）读音相同，成为青年口中的经典笑话并流传于网络。成人电影中遮盖敏感部位的马赛克现象也被青年调侃，于是"看遍天下 A 片，心中自然无码""眼中有码、心中无码"等口号盛行于网络空间。甚至于对某些女优的偏爱，青年制订了"看片不看武藤兰，看遍 A 片亦枉然"的标准。除了口号，成人电影也是恶搞的素材来源和创意来源。最具代表意义的日本 AV 视频被青年称呼为"岛国爱情动作片"，其普及程度俨然成为极具恶搞色彩的电影类型。此外，戏仿成人电影中各种性爱姿势、夸张表情的恶搞照片、视频成为个人 QQ 空间、微信、百度贴吧、校园BBS 以及其他各种 SNS 平台中的引人注目的亚文化资本。值得关注的是，来自于成人电影的一些专业术语经过青年的演绎而成为网络空间和日常场景的常用语。描述成人电影画面质量和限制级别的专业术语"高清无码"被青年应用到生活照的标题，形容AV 女优年龄状态的"熟女"也被用于心理或打扮成熟的女性，强调特定部位的"菊花""爆菊"甚至成为网络空间和现实生活中的特指，其普及程度出乎意料。此外，"重口味""黑木耳""撸管"等有特指意义的概念成为青年沟通中频繁用到的网络流行语，有些词甚至再度衍生出新词，如由"撸管"而生的"撸主"
（楼主）。2011 年 3 月 11 日日本大地震后，一则标题为"东京不
热，空姐不哭，日本挺住"的帖子出现在人人网上，迅速引发青
年群体的关注。这个标题中的"东京不热"改编自一家名为"东
京热"的日本 AV 公司名称，"空姐"是对著名女优苍井空的昵
称。由成人电影产生的网络转喻，成为青年与主文化的区隔和距
离，由此形成亚文化资本。不仅如此，由这些亚文化资本所设置
的"新部族"为其"文化参与者"媒介想象提供了组织形式。通
过对成人电影形式和内容的改编，由其而生的口号、照片和视频、
网络流行语经过青年的广泛传播和分享，其特有的灰色特质逐渐
转化为白色特质的认同文化。青年通过成人电影及其网络转喻引
发主流文化、父辈文化、传媒文化以及公共管理者、家庭、教师、
大众传媒关注，促使社会文化冷静思考主文化与亚文化之间的关
系。从某种意义上说，这种思考恰恰是青年"文化参与者"媒介
想象所要达到的目的。

三、文本转换①中的青年"文化参与者"媒介想象

日常生活实践以及微小叙事在图像符号、青年亚文化和城市

---

① 董小玉、严亚：《生产与合谋：当代青年的视觉文本转换》，《南京社会科学》
2014 年第 10 期。

空间中得以整合，并迸发出视觉建构的强大力量。青年以日常生活的微小叙事为着眼点，以图像符号作为他们媒介想象的表征方式，以青年亚文化作为其媒介想象的内容来源，消解了消费者、服务者、普通人等大众传媒极力建构的媒介形象，询唤着超现实、去政治化、自我主体化的"文化参与者"媒介想象。"文化参与者"作为青年在青年亚文化领域所着力凸显的媒介想象，充分阐释了图像符号被其赋予意义的过程。作为这些图像符号的生产者和传播者，他们积极地、主动地争取着他们自身文本的意义编码权。在青年亚文化中，青年与商品和媒介合谋：利用媒介提供的"符号资源"创造性地建构其自我主体性及其物化体现——新媒介文本，同时通过商品为他们提供娱乐、消费和表演的实在意义。必须强调的是，青年利用互联网络技术带来的新技术手段和技术装置成功地创设了新媒介文本。这种文本形态对现实文本的观照，与对传统大众媒介的邀约，提出了值得深入思考的文化参与命题。

（一）现实生活中的"文化参与者"

在现实生活中，青年遭遇到的具体问题是父辈文化、传媒文化、精英文化对他们的媒介再现，与其所视、所思、所失存在着一定差异。前者反映在媒介形象建构中，后者则体现为青年自我建构的媒介形象。社会要求与自我表达的张力、形象建构权力的主动与被动、必须依托却又试图逃离的社会文化秩序，使青年媒介想象在现实生活中呈现复杂、微妙、无奈的状态，"文化参与者"就是青年在这种状态中建构的以青年亚文化为基础的一种特殊景观。青年亚文化中的青年不是媒介形象中所呈现的那样，而是有着鲜明见解、主动意图、复杂情绪的群体。青年在现实生活中的言行，只有被纳入到人们或主动或被动地解读的范畴中，才能作为文本出现。从这个角度分析，现实文本是指等待读者去解读、解释的，用以建构青年自身、价值、信仰的意义的意识观念和行为。它们主要表现为客观存在的生活感受、事件、过程等。在现实生活中，青年亚文化实践以自为的、表象的、隐秘的状态存在于人们身边，在新媒介和大众传媒观照前是以碎片化、微叙事形式存在的。从这个意义上说，现实文本是青年"文化参与者"媒介想象的原初形态。现实文本以自发性为鲜明特征，以衣着、言行、休闲、娱乐的图像符号为表征方式，通过原创性、原初性的自然形态出现于社会生活中。因其多存在于"新部落"圈子中，体现为"行内人"所倡导的流行行话和打扮，现实文本刚出现时没有受到家庭、学校、大众传媒、社会公众的重视。与费斯克的初级文本概念，即原初的文化商品（如麦当娜本人或一条牛仔裤）不同，现实文本更强调青年亚文化为青年们赋予的意义生产权的潜在性。以时尚为例，它体现为青年所拥有的"亚文化资本"。它与其所不喜欢和不属于它的东西区分开来制造差异。在此，风格符号是被人为地制造成"差异"来实现目的的：青年把风格符号及其意义作为亚文化资本，来制造出与父辈文化、精英文化、传媒文化的差异，并用"异类"或"不在其位"的现实文本来生产意义。其实质是跨越符号边界，打破意义生产规则来实现不同意义的生产。正因为被禁止、被禁忌，对现有文化秩序形成威胁，与父辈文化、精英文化、传媒文化的差异才显得强大，从而形成某种奇怪的吸引力。青年利用这些风格符号和图像符号来表达他们对父辈文化、精英文化、传媒文化的态度，甚至"从休闲中获得自尊"①。现实文本制造出的差异，在打破符号界限中以震惊般的视觉冲击向外呈现，而其诉求在于娱乐快感背后的文化参与欲望。意义生产、打破符号界限、视觉呈现，都指涉着青年的娱乐诉求，快乐和快感成为他们的意义生产指向。而在娱乐诉求的背后，却隐藏着青年对父辈文化、精英文化、传媒文化的参与的强烈愿望。把经典国货放在当下社会文化中观察，可以发现它以跨越艰苦奋斗的革命岁月与最近流行的时尚潮流之间的"异类"符号出现。原本市场上难见踪影的经典国货，却变为当下青年寻求快乐、制造快感的亚文化资本。在经典国货的娱乐快感追求中，反映出的却是青年对主流文化中的某些内容持有自己独到的见解，他们对父辈文化、精英文化、传媒文化产生了强烈的改革决心。对此，亚文化资本在一定程度上讲，是对当下商业消费主义和媒介议程设置等支配性话语的某种规避和妥协，其背后却隐含着他们对经济话语、生存压力、身份危机的冷静思考和客观分析。凭借其穿越时空、跨越符号边界的审美反逆，国货新时尚现象在现实生活中放大而受到广泛关注。在大众传媒的议程设置中，这一现象被成功地生产为引人瞩目、供人解读的现实文本。

　　青年在青年亚文化中的意义生产实践，已不再是越轨式解决

①　［美］桑顿：《亚文化资本的社会逻辑》，载陶东风、胡疆锋主编：《亚文化读本》，北京大学出版社2011年版，第363页。

方式和象征性抵抗，而是体现为与媒介和商品的合作关系，即把媒介和商品作为新的符号资源，在新的语境中生产媒介文本和改编商品意义。以 Cosplay 为例。Cosplay 中体现出来的集体认同，以虚拟角色扮演为表现形式，它充分地揭示了青年媒介想象的视觉建构机制。一方面，青年的真实自我隐藏于"他者"中。作为社会规范的规训对象，青年群体选择动漫作品中的角色来实现意义生产权的获取。动漫故事情节彰显勇气、挑战、反叛、不羁、蔑视等情感，父辈文化、精英文化、传媒文化在叙事中缺席或沦为配角，某些社会规则被刻意地弱化、淡化。这些方面与当代青年的自我认知或者向往境界相一致。从这个意义上说，动漫人物角色可以让面临现实矛盾、难于应对各类社会冲突的真实自我缺失，转而成为青年自我他者化中的"他者"。在这里，动漫人物角色物化的各色装扮成为改造现实生活、建构理想自我的载体。家庭、学校、媒体曾经是青年建构自我认同的主要来源，社会期望通过它们把主流价值和道德规范渗透至青年头脑中实现内化。然而，社会转型的深刻作用和商品经济的巨大影响，使青年在社会期望之外产生与主流价值标准、道德规范不同的自我认同体系。"想成为什么样的人"与"必须成为什么样的人"之间产生张力。在认同的自我同一性需要面前，青年为社会期望与自我认同间的矛盾而将注意力投向他们能够把握的青年亚文化实践，Cosplay 成为具有标本意义的文化实践。《火影忍者》中的"鸣人""佐助""我爱罗""小樱"，《灌篮高手》中的樱木花道，《闪灵二人组》中的"美堂蛮""天野银次"，在"期初挫折、忍辱成长、曲折合作、坚持战斗、最终胜利"的命运模式中成为青年现实生活的写照，也成为他们刻意模仿的"他者"角色。与现实生活高度相似的情节和叙事，父辈角色的缺席、社会规范的刻板说教、趋近完美的角色外貌、美轮美奂的场景设计、扣人心弦的背景音乐，加上出色的广告营销，使动漫作品和 Cosplay 活动等亚文化实践被有意识地过滤掉许多现实社会生活中的杂质，令其透露出特别纯粹的特质而被青年所认可。在一定程度上，青年通过动漫作品中的角色确定了与主流价值标准、道德规范不同的自我认同体系。通过对角色的扮演，如服饰、佩饰、妆容、举止，青年将角色与自己的人生经历和追求向往建立主动关联，从而藉由动漫角色找到自己的原型，找到理想化的人格状态。简单地说，这种潜隐就是要实现现实自我与理想自我的"断裂"。播放着的动漫画面、现实生活中的 cosers、互联网络中的 cos 攻略、同伴间的热情推荐，都在邀约他们利用夸张的服装、饰品、道具和妆容进入他人的凝视中去规避父辈规范、主流价值、规训话语，现实自我消解并转化为理想"他者"。另一方面，"他者"被内化而成为自我的组成部分。"他者"意指差异。按照结构主义阐释，意义来自于差异性。动漫人物的完美人格物化为外在形象，建构出理想的他者，与现实中的冲突自我形成鲜明差异。青年的现实自我被虚拟"他者"消解了，消解的结果却是"他者"客观化、对象化，"他者"转化为自我的统一化身份。他们对动漫作品的消费，并非是完全被动的，而是在消费角色的过程中生产出自己的意义和隐喻，"阐释、符号行为及创造性是消费的组成部分"①。进一步以费斯克的"影子文化经济"来解读 Cosplay "易装"和"易性",可以发现其在异装癖、同性恋这类官方媒介产业之外的创造性文本意义:"易"表达着"他者"性别身份的认同,意味着对传统社会男女二元对立结构的打破,隐喻着对身体政治的某种反讽。与心理学和医学所界定的"异装癖"不同,Cosplay 活动中的"易装"和"易性"是在社会规范所允许的特定"场景"内所实现的合法、合理行为,由此避免了社会道德压力和性别压力。Cosplay 活动的匿名性使虚拟角色扮演在一个超现实语境中发生,角色与情节和环境的结合消隐了扮演者的现实自我,易装或易性后的角色则更直接地载入了其对异性角色的性幻想和情感体验,表明对完美的理想气质的追求,建构出"被授权的社会行为"并允许他们参与媒介文本的生产加工。这个过程模糊了现实社会性别制度和身份规范,"易"使他者成为自我认同的载体,内化于自我的现实需求。最常见的"易装"行为是男性 Cosers 扮演女性角色,女性 Cosers 扮演男性角色或中性角色,他们利用跨性别角色扮演在 Cosplay "场景"中消解了虚拟"他者"与真实自我的界限,虚拟"他者"在这场景中实际就是现实自我的理想目标。在女扮男装的 Cosplay 实践中,动画《死神 Bleach》中的"朽木白哉"、《高达 SEED》的"阿兰斯·萨拉"、《HUNTERxHUNTER》的"酷拉皮

---

① Paul Willis, *Common Culture: Symbolic Work at Play in the Everyday Cultures of the Young*, Milton Keynes: Open University Press, 1990, p. 21.

卡"、《新撰组异闻录》的"冲田总司"以及国产 ACG 作品《长安幻夜》中的"安碧城"和《仙剑奇侠传》中"慕容紫英"等男性角色受到女性 Cosers 的广泛认同。这些角色的共同之处在于他们的外表和内心有着明显差异，而且性格鲜明、敢爱敢恨，甚至亦正亦邪，其力与美的结合、美型与力量的统一而成为女性 Cosers 扮演的目标。在这里，理想的"他者"与现实的自我在"易装"和"易性"中得到完美的融合，"他者"被人为地转换为自我的角色扮演。尽管是在角色扮演"场景"的虚拟扮演，但仍可将动漫作品中的异性"他者"想象为现实自我的意象。现实社会的固定规则、道德伦理的规范制约、性别角色的社会期望，都在这种想象中被消解，Cosplay 的他者成为一个被收藏、赏玩和消费的意义生产对象。

在青年所极力书写的现实文本中，商品和媒介成为可以利用的符号资源。在以国货新时尚、Cosplay 为代表的亚文化实践中，青年用新赋予的所指和混淆性别角色的 cos 扮演表达自我、主动建构形象、逃离文化秩序，与主流文化、父辈文化、传媒文化的差异逐渐显现，他们自我建构的现实文本由此呈现。

（二）新媒介传播中的"文化参与者"

从存在形态分析，只有被新媒介及其技术所观照的现实文本才能成为新媒介文本。新媒介及其技术为新媒介文本提供了先进的技术支持和社会氛围。基于此，新媒介文本界定为利用新媒介进行视觉呈现，具有较强相关性并充分互动的时尚现象。与约翰·费斯克的文本等级概念相似，新媒介文本类似于次级文本，如广告、媒体故事和评论。所不同的是，它更强调新媒介技术对现实文本的意义生产功能和所指含义置换功能。现实生活中的青年亚文化实践被新媒介所观照，导致青年"文化参与者"形象清晰、明确、具体。在不同的视觉文本形态中，青年媒介形象呈现出不同的轮廓，而文本形态的转换则使这个轮廓渐行渐明，意义生产和增值也随之实现。现实文本向新媒介文本的转换使青年"文化参与者"媒介想象从凌乱走向统一，青年媒介想象从个人印象转向整体评价。现实生活中，青年利用亚文化实践所建构的"文化参与者"角色更多出现在亚文化群体或"新族群"内部，外部显现是零散的、局部的。同时，公共管理者、家庭、学校、大众传媒对青年亚文化实践的观照也是个体的、个别的。从这个意义上说，现实文本中的青年"文化参与者"媒介想象呈现出个人印象的特质。现实文本是自为之物，能指和所指隐含主流意识形态的固化关系，而新媒介文本则是他们利用新媒介及其技术主动打破这种自为状态和固化关系的结果。现实文本向新媒介文本的转换，使亚文化圈子或"新族群"显现于开放的虚拟世界，并迅速地让亚文化符号通过互联网络和终端设备得以传播、共享。与主流文化、父辈文化、传媒文化有所差异的亚文化实践统一于新媒介中。服装、音乐、仪式、暗语、空间及其如何被使用的方式，构成青年在新媒体文本的文化标志而被视作统一的亚文化群体。青年将其自我主体性建构要求、社会文化参与欲望、娱乐快感追求渴望寄托于互联网络技术带来的新技术手段和技术装置，把现实生活中的主观感受、日常事件、重要过程通过镜头捕捉、自媒体共享，实现现实虚拟化、虚拟现实化，从而获得社会关注。在此，意义生产决定于图像符号的生产与传播。Ipad、数码相机、智能手机等硬件产品，微博、微信、陌陌等自媒体手段，优酷、56、新浪、雅虎等视频网站，以及各类论坛、贴吧等社交网站，整合成为覆盖广度和涉及深度极大的虚拟空间。它出于商业利益考虑，允许任何人作为符号制作者和传播者上传信息、建构意义。青年作为社会交往中的活跃者、困惑者，甚至叛逆者，占据了这个虚拟空间的意见领袖地位。他们关注身边的时尚流行细节，并即时上传至虚拟空间，主动地将个人信息转化为公共信息，推动现实文本转化为新媒介文本。不仅如此，他们还通过独特的阐释使视觉符号的漂浮的意义固定下来，拼贴和同构也好，挪用和消费也罢，不过成为他们生产意义的语义机制。时尚符号的所指在这个生产过程中被重构为他们自我主体性的视觉象征。虚拟空间的互动功能不仅他们看与被看的政治关系被打破，也使二者统一：他们既是观视自己的主体，也是观视反观性的客体。恶搞、自拍、文身、Cosplay 等时尚符号在此发挥验证功能，而家庭、学校、大众传媒对青年新媒介文本中的活跃表现统一于对新媒介时代青年的整体性评价中。

　　互联网络技术带来的新技术手段和技术装置为现实文本向新媒介文本的转换提供了选择机制。构架模式理论揭示新闻事件以主流意识形态价值观为依据的选择机制，即"通过选择某些故事而舍弃其他故事而进行的……"① 新闻机构对新闻事件和内容的选择拥有决定权,而非真实事件本身的特性。与此相反,新媒介文本允许青年作为意义生产和传播主体进行事件选择。作为文本的观视者、转换者和发布者,青年利用新媒介技术获取了新闻精英的部分职责。与新闻原则不同,青年对新媒介文本的选取更关注与日常生活的相关性,即"受到时间与空间的制约"②。这种相关性可以视作是一种整体生活方式的体现。就在与现实生活联系紧密的现实文本中,青年对社会生活、娱乐休闲、生活空间的强调决定了他们对现实文本的图像即时转换。现实文本一经新媒介的技术性观视所观照和聚焦,即被选取为新媒介文本,并为意义生产提供内在逻辑:主体性生产和意义再造。新媒介的"赋权"功能为青年提供"自治空间",使他们依据相关性去搜寻有利于建构主体性的现实文本。在时尚领域,任何具有意义再造潜在性的符号或形象在新媒介技术性观视中都能成为其可利用的符号资源,用于自我地生产自身话题。这种自我性是对"物役"的某种反讽,是对自主性、能动性、自我中心性的彰显。在自我主体性被异化的阶段,自我主体性依赖于由他人和他物构建的他者主体性,而新媒介所拥有的自媒体功能使青年成为信息编码和解码的主/客体,物质世界被把握为或原创、或改编、或戏谑的图像符号。从

---

① [美]克兰:《文化生产:媒体与都市艺术》,赵国新译,译林出版社2001年版,第15页。
② [美]费斯克:《理解大众文化》,王晓钰、宋伟杰译,中央编译出版社2001年版,第155页。

这个意义上说，与其说新媒介生产信息，倒不如说生产青年的主体性。在主体性回归语境中，风格符号的意义生产也形成有利于青年的主体性导向。在生产者式文本概念中，意义建构与阐释之间的抗争揭橥着文本读者对意义生产的民主力量：生产者式文本允许读者利用文本创制出符合其利益的意义，参与文本意义的建构。"年轻人创造性地把互联网作为文化参与的一种手段，可以产生各种带有自我建构和自反性色彩的'亚文化'身份认同形式。"① 班尼特所关注到的青年人在虚拟世界中的文化参与，正是青年在互联网络中主体生产性的物质体现，也是意义生产的虚拟空间再现。主体性的回归，让年轻人在虚拟世界中开创出新的意义框架。"相关性因受众的积极参与和主动介入而非中产阶级的'距离'式审美和静观，产生出一种'意识形态的暂时丧失'和逃避宰制力量的快感，大众主体就像一个在意义超市中挑拣商品的'商品盗猎者'一样，从原初的文化资源中挖掘出关联自身个性、富有创造性、吻合相关性的意义、快感和权力来。"② 这种文本盗猎行为在新媒介文本中就是新媒介提供符号资源给青年，鼓励他们产生社会感受并由此建立主体性身份。互联网络上流行的一张图片（电影男星奥兰多·布鲁姆穿着一双飞跃运动鞋坐在公园里的照片），让技术性观视移向经典国货的现实文本，推动现实

① ［英］班尼特、哈里斯编：《亚文化之后：对于青年文化的批判研究》，中国青年政治学院青年文化译介小组译，中国青年出版社 2012 年版，第 16 页。
② 陆道夫：《试论约翰·费斯克的媒介文本理论》，《南京社会科学》2008 年第 12 期。

文本向新媒介文本的转换。由此开始，飞跃、回力、海魂衫、梅花运动服、军用挎包等国货新时尚受到新媒介的极大关注。在互联网络、移动互联网络为表征的新媒介空间里，这种新时尚的再现、创新使国货俨然成为青年群体的自我主体性标志物。在这股浪潮中，国货为青年群体生产主体性并为再生产所指。青年群体不仅通过新媒介将自己定义为国货新时尚的创造主体、消费主体、传播主体，更是为国货再生产出民族主义、爱国主义、拼搏精神、团结奋斗精神与抵制国外奢侈品牌、反对经济帝国主义的符号意义。其间，隐藏着这个群体推翻主流话语霸权、嘲笑所指的快乐和快感。在此，青年群体"盗猎"了国货的本原意义，而将其与当下浮夸、享乐、媚外的消费风格形成明显区隔，国货的时尚与爱国意指从固定时空场域中成功地挪用和消费为用于媒介想象的亚文化资本。

必须指出的是，新媒介及其技术以能指与所指间的断裂与媒介和商品的合谋为着力点。一方面，符号能指与所指的断裂被利用来生产意义。在费斯克那里，能指与所指间关系的破裂意味着对霸权的抵制。"打碎能指与所指的关系是社会控制的另一种断裂……所指是文化，但能指却是自然，是知觉。"[1] 能指是客观的，所指却是社会文化与社会互动所赋予的，在伯明翰学派那里，其意义潜隐着支配性权力结构对从属群体的文化政治关系；而在后

---

[1] ［美］费斯克：《解读大众文化》，杨金强译，南京大学出版社2001年版，第68页。

亚文化中，所指却来自年轻人与媒介和商品共谋对能指进行的符号资源再利用。作为能指，国货以亚文化资本的形态被年轻人建构所指、实现文化参与的目的。亚文化资本是由媒介主导的，"因为在亚文化资本中，媒介……是一个对定义和传播文化知识至关重要的网络"①。媒介覆盖、创设、揭露的程度与时尚和落伍的人们间的区别、亚文化资本富有和贫瘠间的区别有着直接联系，可以说媒介就是青年制造差异、生产意义的物质手段。另一方面，商品及其消费成为其创造意义的符号资源。在让亚文化资本收获效益的社会环境里，"圈子"或新族群却是"依据各式各样的、变动的，经常是转瞬即逝的消费方式"② 而建构的。在马菲索利那里，商品及其消费方式建构出圈里人相互认同的标准，为亚文化成员提供了集体归属感和集体认同感。媒介和商品的合谋对国货的所指内生出某种标准，霍金森用"商业和媒介特意建构并促成了哥特景象"③ 的结论来强调合谋的强大力量。就在媒介和商品的合谋力量中，年轻人验证着符号资源的创造能力，尝试为国货赋予时尚的所指，试图"剥削"时尚的符号魅力、"盗猎"固化的所指意义。在视觉符号的互动沟通中，青年亚文化与时尚流行文化彼此渗透、相互指涉，国货的现实价值在新媒介中逐步瓦

---

① ［美］桑顿：《亚文化资本的社会逻辑》，载陶东风、胡疆锋主编：《亚文化读本》，北京大学出版社 2011 年版，第 360 页。

② ［美］桑顿：《亚文化资本的社会逻辑》，载陶东风、胡疆锋主编：《亚文化读本》，北京大学出版社 2011 年版，第 341 页。

③ Paul Hodkinson, *Goth: Identity, Style and Subculture*, Oxford: Berg, 2002, p. 109.

解，其所指也在虚拟空间以青年亚文化的形式所逐步改变和重写。在青年亚文化中，拼贴和同构为国货所指的意义再造提供了路径。各种国货及其新媒介文本被年轻人吸收和重新语境化，其意义被转化，飞跃运动鞋拥有了时尚的魅力和抵制国外品牌的民族自豪感，海魂衫被嵌入儿时梦幻般的完美记忆和重新用自我评定的流行标准定义，军用挎包则被意指为英雄情结与男性气质的再现。拼贴让国货成为风格和快乐的符号，而同构则使混搭在一起的风格元素形成有凝聚力的亚文化群体认同的象征性表达：音乐、服装、休闲活动等被结合在一起，用迪克·赫伯迪格所称的"符号的游击战"方式把日常的文化制成品及其新媒介文本的自然化意义转变为新语境化的、在消费中制造快乐和创造意义的所指。国货的能指被嵌入新的所指，更关键的是这种能指与所指关系的置换发生着快速的变化。所指意义的生产权在一定程度上为青年所掌握和把持。

（三）大众传媒关注中的"文化参与者"

新媒介文本在互联网络空间中引起的关注与争议，在现实生活中得到大众传媒的高度重视进而引发社会大众的广泛关注。除了议程设置之外，经济利益的市场嗅觉和利润追逐也推动媒介文本在更广阔的范围中产生影响。从这个意义上说，媒介文本被定义为：在新媒介领域拥有较大社会价值，被大众传媒高度关注并进行议程设置的社会现象或事件。对于青年来说，他们在新媒体文本中与主流文化、父辈文化、传媒文化刻意保持的距离所形成的差异成为大众传媒关注的焦点。在这种共识中，青年主动将他们自身编码为与其他群体、其他阶层所不一样的社会群体，并利用这个群体独有的亚文化资源参与到社会文化的发展中。大众传媒议程设置所形成的舆论则对其进行解读，青年在此用"文化参与者"媒介想象消解着大众传媒建构的标准化媒介形象。在此，新媒介文本向媒介文本的转换使青年"文化参与者"媒介想象从媒介事件转向社会舆论，青年媒介想象实现主动编码。如果虚拟空间的时尚符号仅是新族群或亚文化圈子内部基于认同而形成的意义生产行为，那么媒介文本对新媒介文本的观照则使意义生产过程进入增值阶段。大众传媒从社会伦理道德和交往规范的显性动机与生产观众/听众/读者来吸引广告商的隐性动机来透视新媒介文本，从中挑拣具有较高新闻价值的细节来引发圈子或新族群以外受众的关注。在一定程度上呈现为圈子内的亚文化资本，经过大众媒介的议程设置和评述，而成为超越阶层、跨越地域、模糊等级的公共领域式文化资本。亚文化资本回归为文化资本，将小众资本提升为大众趣味，时尚的领先性被趣味的大众性所取代。必须指出的是，在从现实文本到媒介文本的转换过程中，青年把握自身主体性的权力在增加，对时尚现象及其文本的编码控制在增强。青年自我主体性的增强，体现为对其媒介想象的控制力的极大提升。新媒介文本向媒介文本的转换导致青年媒介想象行为从新媒介事件转变为公共事件，大众传播媒介对它们的议程设置则使这些公共事件趋向社会舆论而广受社会公众关注。作为中间形态的文本，新媒介文本从现实文本中挑选素材，按照自身价值观念进行虚拟化和数字化加工并即刻传播至赛博空间，其间的社会逻辑是他们作为编码者将其自身信息编码为图像符号,邀请大众媒介的解码,并由此介入社会生活。这是一种反规训的信息传播活动,打破了信息传播中的专业主义、精英主义及其话语霸权。这是一种时空、现在和未来的断裂,正是这种断裂诱惑着青年从中找到快乐、发现快感。正是基于这样的认识和判断,社会舆论对青年利用新媒介、虚拟空间所实施的亚文化实践进行了后亚文化式的界定,从黑客、红客、闪客、播客、博客、拼客、威客、指客、印客、信客等亚文化"族群",到自拍文化、恶搞文化、迷文化、搜索文化、黑客文化、御宅族、游戏文化、同人女文化、Cosplay文化等亚文化类型,无不说明社会舆论对与主文化形成明显差异的青年"文化参与者"的接纳和包容,而这种"文化参与者"形象正是媒介想象的直接体现。

新媒介文本在互联网络空间中的精彩表现,日益得到大众传播的密切关注。它们在一定范围内形成新媒介文本推出主题,大众传媒给予强调、争论,并复又返回互联网络空间进一步讨论的局面。新媒介文本所包含的技术手段和技术装置鼓励青年建立其自我主体性,协助他们成为有关自身的文本的生产者、传播者、观看者。这种自我主体性诱惑着青年通过文本的制造和改造去追求快乐、实现社会文化参与。这种快乐在费斯克那里源自对支配性权力结构的逃避,而在后亚文化中,却是在商品和媒介的消费中创造性地生产意义而获得的快感。新媒介文本将注意力引向青年,其中的风格符号和行为将他们自己建构为供人解读的符号,在这些风格符号中,能指尽情嘲弄着所指,"快乐,因其对能指的强调及对所指的否定，就成了意识形态的抵制的一种方式"①。不仅对意识形态政治学的规避，青年通过把自己建构为符号，实现了利用能指去再造所指，让所指服务于能指，从而收获快乐和快感。所指来自于固有的文化解释，以实现"意义的滑动"的固定，"解释成了意义被给予和获得过程的一个根本方面"②。按照斯图亚特·霍尔的观点，被编入意义的能指必须由接受者从意义上加以阐释和解码，读者在生产意义这个方面与作者同等重要。新媒介文本赋权于青年破坏固有的解码方式，甚至赋予他们编码的权力。在固有文化中，对能指的编码是支配性权力结构的特权，规训式解释则是读者作为从属群体的受限义务。新媒介文本改变了这种关系，他们获准利用其技术特性将自己裹挟于能指中创建新的编码关系，邀约传统媒介进行解码。新媒介文本引发传统媒介的高度关注，对其进行社会生活、道德伦理、规训与抵制的解读和评判，其实质是编码权的倒置。正是这种编码权的置换，青年逐渐建构出对自己形象、认同、地位、归属的主体性。在现实生活中，粉丝文化揭橥了读者利用媒介文本创造文本意义的实质。粉丝比普通受众更具创造性和积极性，他们表达了将媒介消费经验转化为新文本制作的参与热情。约翰·费斯克用"影子文化经济"来揭示粉丝巧妙地利用商品市场中可以获得的文化形式以创

① ［美］费斯克：《解读大众文化》，杨金强译，南京大学出版社 2001 年版，第 68 页。
② ［英］霍尔：《表征的运作》，载［英］霍尔：《表征——文化表象与意指实践》，徐亮、陆兴华译，商务印书馆 2003 年版，第 33 页。

造性方式消费并制造媒介文本的意义。在麦当娜的例子中，他关注"被授权的社会行为"，认为粉丝通过自我授权能够去创造新的文本意义。学者观点直指文本意义生产与文本编码的内生联系，新媒介文本用全新技术机制鼓励青年利用文本意义的生产过程去实现文本编码权的获取。国货新时尚如此，跑酷、极限运动、Cosplay、拍客、快闪等流行现象亦然。从某种意义上讲，这些时尚现象可视作粉丝文化的同质化体现。时尚能指的出现为所指的再生产提供了契机，青年对这些时尚编码，即文本意义的再生产。在新媒介文本中，国货被视作经济帝国主义的解构和对国际时尚趋势的民族化抵制；跑酷和极限运动被用来表达对城市空间桎梏的嘲笑；Cosplay 是对现实社会角色的脱逃和反叛，其中的"易性"、"易装"行为建构出"他者"、"他性"的幻想；拍客和快闪打破看与被看的固定关系，建构出观视的自反性和反观性，将"我"主动建构自己注视的对象。就在能指与所指的断裂与重构中，就在意义产生与文本编码权的移交中，拥有自我主体性的青年在新媒介中尽情生产、纵情编码，拼贴与同构为笔，挪用和消费当墨，文本制作彰显主体性和自我认同、社会认知的主动地位。正是这种文本生产和意义编码，撩动着传统媒介的新闻价值神经，媒介文本用"新"、"奇"、"特"视角观照着新媒介文本。媒介文本的呈现，在这里体现为对新媒介文本的解码和阐释，以议程设置的方式引发青年亚文化群体之外的广泛读者的关注。媒介文本与费斯克提出的阶梯形文本结构中的第三级文本，即持续存在于日常生活过程中的文本形态相类似，但前者更强调其本身对新媒介文本的解码和阐释,在某种意义上呈现出附属性和补充性。新媒介文本与媒介文本间的转换关系揭示出意义生产权的逐步移交与文本编码权的悄然转向,青年的自我主体性渐渐明晰。媒介文本喻示着主流文化与从属文化中控制与接受的霸权关系被解构,青年群体利用媒介和商品的符号资源为自己争取到参与父辈文化、精英文化、传媒文化的权力。

青年利用新媒介文本主动邀约大众传媒的关注和参与,他们在一定程度上变成实际的内容生产者。青年亚文化首先被生产为一种亚文化资本,它允许群体成员以亚文化圈子中的"行内人"引导时尚潮流、把握风格走向,制造出内部认同、外部差异的"流行的区隔"。这种亚文化资本在父辈文化、精英文化、传媒文化看来,或许仅仅就是青年在学习之余做出的娱乐行为。只要不逾越社会规范,就大可不必提到反文化和负文化的高度给予充分解读和有效沟通。然而,在青年亚文化与父辈文化、精英文化、传媒文化相互渗透的文化发展中,必须看到前者越来越对后者产生越来越深入的渗透,其中对社会文化整体结构形成越来越直接的影响。从光棍节到消费盛典的发展,从身体编码到各种恶搞行为,从军训服改造到成人电影网络转喻,都能在父辈文化、精英文化、传媒文化中得到鲜明的体现,甚至在一定范围内被这些文化形态所消化、吸收,转而变成主文化的有机组成部分。青年完成的"文化参与者"媒介想象也正是在这样的文化渗透过程中逐渐明晰,主文化对它的认识也逐渐深入、系统。

第四章
青年"空间'他者'"媒介想象

　　如果将图像符号和青年亚文化分别视作青年媒介想象的表征方式和内容来源，城市空间则是其物质载体。作为发生场所，城市空间像"容器"一样盛装着青年所需要的一切，青年媒介想象也必然发生在这样的城市空间中。不仅如此，这样的城市空间还被青年再生产为建构自我主体性身份的城市"场景"。如高校运动会开幕式被青年建构为各种各样的想象性"场景"；毕业仪式对宿舍、操场、草坪、教室、图书馆、卫生间等校园空间的重新语境化；建筑外墙、街头小巷、街道地面、集会现场、商场超市、城市地铁、休闲公园等城市空间，与涂鸦、跑酷、快闪、3D地画、Cosplay、街头体育等身体呈现行为紧密结合。他们在这个过程中把城市空间生产为与社会权力空间所不同的个人空间，把自己想象为存在于这个空间中不同于其他人，甚至于也有异于彼时彼刻自己的"他者"。更为重要的是，伴随着互联网络技术发展而成长起来的当代青年，已习惯利用媒介来把握外部世界，对城市空间的技术性观视也支配着他们的现实表现。实在的城市空间与互联网络的虚拟空间的结合，使青年的"空间'他者'"媒介想象得以建构。然而，青年解构空间秩序的行为，却受到商业利益的限制。从这个意义上说，青年在媒介想象中建构的"空间'他者'"的总体轮廓，是既解构空间秩序却又遵从商业秩序的对立统一体。

一、青年媒介想象的空间—身份叙事

火车站、地铁、街道、花园和广场被视作是城市的五大单元，他们构成一个城市的机体，这些机体部分与性别、阶层、等级和社会身份有着紧密联系。从更大范围来看，街道、商场、公园、小巷、城墙、影院、校园、运动场、歌厅、图书馆等城市公共空间总是与某些社会身份固定在一起，而这些身份的确定不仅来源于现实社会，更来源于大众传播媒介的人为建构。在大众传媒叙事体系里，不同的空间形成不同的功能，特定空间所表征的具体内容有赖于以大众传媒为主的"叙事者"。实在的物质城市与想象的媒介空间共同构成了人们对城市的全部感知，后者在媒介社会中则占据了优势地位，换言之，大众传媒构建的"拟态环境"成为人们存在的"真实"空间。正如托德·吉特林所说的，"在一个日益模糊与不确定的世界里，人们越来越多地依赖大众媒介来寻找并试图发现自我"① 从这个意义上讲，城市的"自然景域"完成了向"文化景域"② 的转型，城市的"文化景域"被大众传媒话语理想化、想象化了。"大众媒介每天都在用语言、图像、娱乐、新闻以及广告来建构概念和想象，通过这种方式来表现并明确意识形态……"③ 将大众传媒对城市空间的观照置于青年及其寄寓空间，大众传媒对青年的身份建构总是与特定的空间场所固定在一起，由此形成固定的空间—身份生产机制。从所涉行为领域分析，青年媒介形象与特定城市空间形成了内在联系，大众传媒遵循"空间生产"逻辑实现了标准化的媒介形象建构。有学者利用新浪新闻高级搜索功能进行了一年时长（2012 年 11 月 1 日—2013 年 10 月 31 日）的主题调查，揭示了有关青年新闻报道的媒体形态分布和议题分布④。这些新闻报道中，有关青年的主题内容与特定的城市空间相联系，青年媒介想象实质上就是一种空间生产行为。有关青年"就业创业"的报道与"创业孵化基地""就业基地""实习基地"、招聘场所这样的城市空间紧密联系在一起，与青年"社会实践"相关的空间涉及家乡、火车站、城市街头、家教家庭、社区等，有关"文体活动"的报道则以图书馆、

① ［美］吉特林：《新左派运动的媒介镜像》，华夏出版社 2001 年版，序言。
② 孙绍谊：《想象的城市——文学、电影和视觉上海（1927—1937）》，复旦大学出版社 2009 年版，第 5 页。
③ ［美］吉特林：《新左派运动的媒介镜像》，华夏出版社 2001 年版，序言第 9 - 10 页。
④ 郑湘萍、简娜：《青年媒介想象与议程设置——以新浪新闻搜索为例》，《社科纵横》2014 年第 7 期。

操场、舞台、操场等为关注重点，其他新闻报道主题也都以相应的城市空间作为叙事场所。按照法国哲学家亨利·列斐伏尔的观点，"空间生产"① （Production of Space） 不仅是对 "空间""社会空间" 的生产，也是在各个社会阶层内部及其之间对各种 "空间感""空间的心理印象" 的生产，实质上就是对一般生产关系的再生产。毫无疑问，在 "空间表征" 中，大众传媒为主流意识形态制造出一致的空间观念，正是这种空间观念支配着人们的社会交往行为。新闻建构对青年行为的空间规制，或说是青年角色与空间的一致性发挥着重要作用。这种建构行为蕴涵着青年的身份转向或形象建构。首先，从生产者身份转向消费者身份。在消费社会的当代语境中，当代青年身份的抽象认同有赖于具体可感的他者和他物，特定的城市空间在这个过程中发挥着身份建构的作用。商场、超市、KTV、餐馆、旅游胜地等具有消费性质的空间为青年建构着学生之外的主体身份。正是在具象的、对象化的 "镜像"（拉康语） 人与物中，青年才得以真切地感受到自己的存在，并明确认知自我与他人、群体、社会的关系。一系列不同层面的转向，在青年身份认同上则体现为他们从生产者身份向消费者身份的转变。其次，精英身份转向普通人身份。1999 年伊始，大学扩招使去精英化成为当代青年面临的现实情况，从而导致当代青年的身份焦虑。在新闻报道中，与普通人身份相联系的特定

---

① Henri Lefebvre, *The Production of Space*, Translated by Donald Nicholson - Smith, Oxford: Blackwell Ltd, 1991.

空间描述着身份的转向。象牙塔式的空间叙事被去精英化的叙事机制所取代。人潮涌动的招聘会现场、逢进必考的公务员招考现场、服务社区的社会实践场所、埋头苦干的实习基地等，构成了强调青年普通人身份的空间场景。在这些场景中，父辈文化、传媒文化、精英文化的空间价值体系——社会角色与空间性质的匹配，验证着列斐伏尔所谓的"空间的表征"观点。再次，主人翁身份转向服务者身份。"青年服务西部计划""在校青年服务社会主义新农村建设""三支一扶"等项目充分表明公共管理者对当代青年的身份定位。作为拓宽就业途径的顶层设计悄然地将其人力资源调配意图渗入空间观念中。西部地区、农村、社区的空间性被国家政策线性维度的时间性所征服，服务者的身份建构在这种征服中得以完成。

大众传媒对青年的媒介再现，其叙事规则是以特定空间作为青年身份的参照物。换言之，特定空间是青年身份及其整体形象的重要参照。从符号学角度分析，符号之间必须保持稳定的界限以维护正常的文化秩序。任何游离于符号之间的事物被英国学者道格拉斯认为就是"不在其位的事物"，因为它们扰乱文化秩序而必须被禁止和驱逐。从某种意义上说，青年媒介形象与特定空间的联系，就是为了维护某种能够生产固定身份—空间关系的文化秩序。对青年来说，脱离这种文化秩序的身份—空间关系，则被视为危险之物和威胁之物，而被新闻报道议程设置为有关青年的焦点事件。在这样的逻辑中，青年媒介形象在一定程度上被定型化，甚至妖魔化。通过新浪新闻搜索引擎检索到的部分结果，《青

年街头半裸卖女包 曾多次被人当成变态怒斥》（《楚天都市报》）、
《青年课外实践天桥摆摊算命 母亲称就是坑骗》（中国新闻网）、
《餐馆老板考上大学就牛？青年开餐馆就 Low？》（《中国青年
报》）、《青年因宿舍停电玩不了游戏 上街抢劫发泄》（《今日早
报》）、《四川青年"跪舔厕所"抗议内务检查》（《南方都市
报》）、《女青年失联 14 天安全返家 期间被传销组织控制》（《新
京报》）、《青年毕业找工作不顺失踪 流浪十年穴居山洞》（《成都
商报》）等新闻报道因新闻事件中的空间，与固定的青年身份—空
间关系不一致，而被大众传媒用来标示街头、天桥、餐馆、厕所、
传销场所、山洞等"不在其位"的空间与"在其位"的青年身份
之间的反差，从而建构出呈定型化、妖魔化趋势的青年媒介形象。
从这些青年媒介形象来看，青年在媒介再现中具有一定的被动性。
它在很大程度上来自于父辈文化、传媒文化、精英文化所生产的
身份—空间关系。进入新媒介时代，互联网络技术带来的新技术
手段和新技术装置使青年通过镜头观视城市、利用手机界面实现
交流、重构城市空间意义，来打破主文化所把控的身份—空间关
系。传统意义上的城市空间及其符号意义，被他们重新语境化、
重构，其媒介想象也在这个过程中完成。

二、青年"空间'他者'"媒介想象

青年媒介形象将青年的身份建构与特定空间固定在一起，如

图书馆、食堂、宿舍、教室、操场、校园草坪、实习场地、社区等。进入新媒介时代,青年不仅采用镜头将这些空间重新语境化以实现意义转换,而且将媒介形象所涉空间之外的区域也纳入到其媒介想象的场景中,如迪厅、建筑外墙、城市广场、购物场所、街头巷尾。在互联网络技术带来的新技术手段和新技术装置的使用中,青年已适应了凭借全新的观视经验实现城市认知。曾经亲身在场的城市漫游者身份,转变为当下利用各种可视化媒介主动地确立其个人主体性的媒介消费者。从这个意义上说,青年在城市空间及其技术性观视中实现新的空间—身份生产、建构他们自己的"异托邦",由此也主动建构了与媒介形象不同的独特形象。

(一) 青年"空间'他者'"媒介想象的空间—技术背景①

一切视觉影像都是人为呈现的。"影像就是复制或重造的景观。……每一影像都体现一种观看方法"②,约翰·伯格的这个结论与本雅明提出的"技术性观视"观点存在着内在的逻辑延续关系。当代城市观看方法首先体现为速度化的观看方式。当下,城市被镜头捕捉为一幅幅图画、一帧帧影像及其综合体,主动地跨越各种视觉媒介的"界面"涌向私人领域的媒介消费者。当代的视觉范式规定着他们的视觉经验:城市漫游转换为穿越视觉媒介"界面"的媒介消费。视觉文化有关看的价值或信仰来自于实时图

① 严亚、董小玉、谢峰:《从漫游者到媒介漫游者——城市的观看之道》,《城市规划》2014 年第 4 期。
② [英]伯格:《观看之道》,戴行钺译,广西师范大学出版社 2005 年版,第 3 页。

像的力量。由于速度的提高，图像传输优于文字阅读，导致了视觉图像占据主因的文化转向。在魏瑞里奥看来，图像占据当代文化的主因地位，就是图像传播技术，尤其是其速度提高的结果。这个结论揭示出当代漫游者观看城市的视觉范式发生了深刻变化：视觉主体眼光与其相对应的图像类型的关系呈现出实时化的速度倾向。随着通讯技术和交通工具的快速发展，速度已经成为视觉文化的标志。视觉技术的进步以及视觉范式的改变，鲜明地体现在视觉阈限的扩展和视觉速度的提升上。从静态的绘画、雕塑到动态的影视，从平面的印刷媒介到卫星电视、互联网络，视觉文化中的流动概念也发展为眼睛对高速运转的图像世界的注视。现代社会就是一个以城市文化为核心的"媒介社会"，日本传媒学者佐藤卓己甚至认为城市本身就是大众传播媒介。作为当代文化的发展趋向，城市文化在当下体现为典型的媒介文化，为人们的观看提供了无穷可能，也为人们观看欲望的不断提升创造了条件。媒介文化既揭示出工业化与大众媒介同谋所构筑出的都市文化的本质，也说明媒介消费者观看城市的眼光从眼睛转向大众传媒的实质。速度在媒介漫游者投向媒介城市时所发挥的力量，使得整个世界在瞬间被远程地呈现出来，而关于这个世界的幻象也无限制地迅速传播开来。在速度主宰的媒介空间中，镜头所抓取城市的现实，与其实时"震惊"地把握到的在场的拟像之间，呈现出惊人的一致性。"实时对延时的胜利"逼迫着城市观看者在速度化的观看中尽情享受媒介中的城市奇观，并产生速度化的观看方式。与此同时，与这种观看方式相应的媒介符号化的城市景观逐渐成为主因符号。

其次,速度化观看方式隐射出生活化的城市认知方式。速度化的观看方式意味着城市观看行为和媒介城市呈现出即视、实时的特点,影像媒介在此甚至可以称为实时媒介。观看者曾经赖以构建其主体身份的缓慢而悠长的宏大城市叙事已被日常城市生活所提供的迅速而即时的微观结构取代。在"液化"社会中,人们赖以实现自我认同的封闭的情感单位(家庭)已逐渐被解构,更大的非情感的陌生环境成为人们必须面对的现实空间,导致身份建构出现危机,而不得不把身份建构的眼光投向与己相似的人和物。"主体性在后现代主义的语境下已经转移到他者身上,生存于后现代这种语境下的个体需要从他者身上寻找主体。"① 在这种语境中,城市观看的视线悄然从城市景观潜入城市日常生活里,深入到城市民众的家庭中。通过暴露/窥探、自我/他人、同情/满足等二元对立结构的塑造,城市的媒介观看俨然已成为通过对比来实现身份建构的一种视觉建构机制。电影、电视、互联网络等媒介手段与广告、网络视频、3D 街景、高清电子地图等图像形式,共同建构出物质的"肉体之眼",使更长于空间场景想象的文学作品、绘画、雕塑被"祛魅"。从这个意义上说,文化精英和社会精英所引领的城市被动认知方式被平民主义、生活化、速度化、媒介化的城市主动认知方式所压倒。前者为观者提供了城市的想象

---

① 汪玉柱、舒友亚:《后现代主义语境中的主体身份危机》,《河北经贸大学学报(综合版)》2010 年第 1 期。

空间和理想意象，后者则为观者提供了比照、评判甚至亲身参与城市生活的标准和路径。

视觉范式的转向，反映在视觉经验中就是技术性观视的演变。英国美术史学家约翰·伯格指出，"影像是重造或复制的景观"，而"每一影像都体现一种观看方法"①。当下，观看主要是通过图像媒介技术来实现的。本雅明将这种观看行为称为"技术性观视"。视觉范式的演进与媒介技术发展具有共生关系，以技术性观视为最重要特征的视觉文化鼓励观者用镜头之眼取代肉体之眼进而占有世界。在现实生活中，青年把握现实世界的媒介技术途径就是各种各样的"界面"，而且肉眼与这些界面的距离在不断缩小。从电影银屏的影院远观，到电视屏幕的客厅近看和电脑液晶显示屏的可控距离，再到手机界面的私人距离，甚至出现类似谷歌眼镜这样的可穿戴式观视工具，这个过程蕴涵着三个层面的变化：其一，界面不断缩小、日益清晰，其二，观看距离越来越近，其三，界面及其显示内容的个人可控性在不断增强，界面与青年的关系也在不断私人化、个人化和可控化。"界面"、新的视觉范式及"镜头之眼"所要强调的是在新媒体时代，一切现象都成为界面化的可视物。在这种可视化趋势中，青年对城市空间的主观把握也趋向技术性，呈现出技术性观视态势。约翰·伯格用拟人手法描述了相机所拥有的镜头之眼的强大功能："我是一只眼睛，

———————

① ［英］伯格：《观看之道》，戴行钺译，广西师范大学出版社 2005 年版，第 3 页。

一只机械眼睛。我——这部机器——用我观察世界的特有方式，把世界显示给你看。……我凑近各种物体，然后拉开彼此的距离。我钻在它们地下爬行。我同奔马的嘴巴并驾齐驱。我与人们同浮沉共升降。……这样，我就用新的方式，解释你不了解的世界。"[①] 相机镜头在某种程度上取代了肉体之眼，能肉体之眼所不能之事、及其所不能及之地，从而介入了日常生活的方方面面。不仅如此，相机之后，家用 DV、单反相机以及摄影、摄像镜头和各种介质的搭配，如手机、平板电脑、可穿戴式设备等进入日常生活，青年把握物质空间的技术手段得以进一步加强。更重要的是，镜头之眼与互联网络、移动互联网络的结合，推动图像符号从观视向传播、分享的发展。这个转向意味着图像从个人信息被提升为公共信息，这是私人领域主动地向公共领域发出的邀约。公、私领域界限的打破，让"界面"、新视觉范式及"镜头之眼"成为青年把握城市空间的首要视觉经验。他们自觉地将肉体之眼转换为镜头之眼，用镜头的视角审视他们的所视、所思、所失。

（二）青年群体的"第三空间"与"空间生产"

媒介消费者的观看之道，揭橥快速的视觉空间占有行为和重构现代生活的态度，技术性观视彻底颠覆了人们固有的视觉经验乃至城市认知方式。这种现象在长于接受新事物、面临认同危机、追求娱乐快感的青年那里，体现为他们对城市空间的技术性观视，

---

① ［英］伯格：《观看之道》，戴行钺译，广西师范大学出版社 2005 年版，第 11－12 页。

即青年自己创建的"第三空间"及其"空间生产"。按照法国哲学家亨利·列斐伏尔的"空间生产"① 观点，社会空间被视作社会的特殊产品，各个特定社会都历史地生产特定的空间模式。社会的主导实践方式决定着空间生产方式。在视觉作为文化主因的视觉文化中，空间生产方式呈现视觉化、图像化、界面化的趋势。在这些趋势中青年对城市空间的在场欲望投向了新媒介技术所建构的媒介空间，他们演变为寄生于观看技术的媒介消费者。同时，美国学者爱德华·索亚为区别强调物质性和客观性的第一空间与强调意象和构想的第二空间，用"第三空间"概念来强调还存在着一个经由媒介作用的空间形态。在这个真实的同时又是不真实的空间中，每一种不同的媒介都能确立各异的观照世界的方式，都拥有各自的传播范围和解读群体，并勾勒出令人信服的地理图景。青年通过互联网络技术带来的新技术手段和新技术装置扫描着城市空间，从而利用图像建构起具有差异性的空间文本。在这样的空间文本中，青年扮演着超越学生身份的角色，他们主动将自己建构为城市空间中的"他者"。青年利用新技术手段和新技术装置所生产的"第三空间"及其"空间生产"实践，其实质就是利用镜头对校园空间和其他城市空间进行媒介传播。

我国运动会开幕式表演的形式包括团体操表演形式、文体表演形式、文艺表演形式三类②，从现代大型运动会开幕式对我国高

---

① Henry Lefebvre, *The Production of Space*, Translated by D. Nichsolson Smith, Oxford: Blackwell, 1991.
② 赵海波：《我国运动会开幕式发展探骊》，《体育文化导刊》2010 年第 5 期。

校的影响来看，文体表演形式成为各大学运动会开幕式的主要形态。高校运动会开幕式也被参与的青年用来进行空间再生产和个性化的展现。换言之，开幕式成为青年在空间生产中媒介想象的"场景"。2014 年 5 月，陕西省第 36 届青年运动会开幕式现场，几位身着比基尼的女学生大胆亮相；2013 年 4 月，西南大学运动会开幕式上，同学们创造性地将代表世界五大洲的民族文化和特色运动搬到了学校的运动场，用舞蹈、音乐和各种道具来展示现代体育的魅力；2012 年 4 月，重庆大学春季运动会开幕式上，各学院的学子以穿越、国际的装扮入场，展现当下青年的创意与活力。"蜘蛛侠""超人""MJ""阿凡达""欧洲古典美女""卓别林"也来参加运动会。此外，众多高校运动会开幕式均有体现青年突破常规的装束出现。从开幕式上青年各种另类、穿越、大胆的狂欢式装扮和对所在空间的利用来看，开幕式被青年视作一个可生产的空间。他们期望通过这个空间的再生产来实现生活方式的体制外叙事和个性化表达的"场景"转移的新路径。与仪式性抵抗无关，开幕式的个性演绎和空间生产充分地向外界揭示了媒介想象的意图。一方面，开幕式被定义为青年实现其媒介想象的叙事背景。青年通过开幕式上另类服饰和出场情境的个性演绎创造他们自我再现的方式。同时，对开幕式及其承载空间的意义再生产，揭橥他们积极地"盗用"开幕式这种体制内的文本和承载空间，将其重新语境化，进而转换其意义以实现自我的文化授权。这种自我授权充分地赋予了青年想象的权力，在想象中他们完成对仪式的社会结构和文化体系的象征意义的置换。校园之外的丰富生活和超越学生身份的社会人身份，都融合在媒介想象中。总体来说，青年在开幕式上的另类演绎和校园空间的再生产，揭橥出他们所想建构的在同一个空间里差异化的想象性"他者"。另一方面，作为想象性建构的"场景"，运动会开幕式规定着青年媒介想象所需要的个性表现。学生们在开幕式上的表演拥有 Cosplay 的鲜明特征，他们利用 Cosplay 的角色扮演行为建构了一个自我他者化的理想自我或想象自我，而开幕式场地（校园空间）成为想象出来的用于盛装理想自我的"场景"。这个理想自我与这个开幕式场地之前存在的青年不同，也与青年在开幕式上彼时彼刻的自我不同。无论是五大洲的异国装扮，还是比基尼装或"蜘蛛侠""超人""MJ"扮相，其实都是开幕式"场景"对青年在此时此刻所要求的一致表现。"场景"带有各种不同的社会—空间含义，它可以暗指那些暂时的、即兴的和策略性的联想所具有的灵活性和短暂性，可以暗指一个因其有限而广泛渗透的社交性而引人注意的文化空间，并且蕴涵着变迁和流动、移动和易变性。作为青年主动地媒介想象的空间承载，"场景"为他们搭建了展现真实自我的物质背景。他们在不断转换、不断移除的空间场景中也不断地转换着身份、建构着不同的认同。青年面对特定的场景则需按照场景要求做出特定装扮和举止以建立一致的身份和统一的认同。

更值得重视的是，场景与互联网络的结合使得身份和认同与互联网络之间的互相参照，成为他们身份建构和实现认同的重要途径。伴随新媒体技术发展而成长起来的这一代青年学生，肉体之眼与镜头之眼已高度融合，他们眼中的开幕式现场或"场景"

也是镜头中的"场景",他们甚至在开幕式前就已经用镜头化的镜头之眼扫描过了。于是,Cosplay 化的出场动作、表情、行为、心态无一不预设为图像,他们似乎已经观看到自己在运动会开幕式上的一言一行被转换为微博、QQ 空间、微信朋友圈、SNS 平台中的图片和影像,并被大量点赞、跟帖。在一定程度上说,青年对运动会开幕式的空间布置与其间各类装扮、行为、举止的契合,甚至就是按照想象中互联网络中传播的图像而进行设计和呈现的。互联网络中呈现的图像与现实的开幕式场景在此被消解了界限,用于表达真实自我、炫耀亚文化资本的虚拟场景被他们转移到了现实场景中。现场的手机、摄像机、数码相机所记录的场景,则迫不及待地上传到自媒体中,邀约着网络围观者和大众传媒、社会大众的精彩点评。线下和线上的种种表演,无一不是运动会开幕式这种特定"场景"所规定的叙事内容,而青年们的种种表演不过就是与"场景"要求达成的一致默契。在这特定的城市文化背景和空间生产实践中,他们利用开幕式这样一个特殊的文化背景和空间场所建构了展现真实自我和理想自我的物质场景。不管是把运动会开幕式当作个性化表演的叙事背景,还是按照"场景"要求进行创造性的表演,青年都利用互联网络技术带来的新技术手段和新技术装置记录、传播、分享着"场景"及其中发生的一切。在图像符号中,他们既区隔于父辈文化、传媒文化和精英文化所再现的那些形象,也不同于现实生活中真实的自我,他们是自己通过想象建构出来的"他者"。从某种意义上说,青年学生在高校运动会开幕式的社会结构和文化体系的象征中,植入了他们自己的独特生活方式和丰富想象，并创造性地建构了容盛理想自我的场景。重新语境化也好，文本盗猎也罢，青年利用运动会开幕式这种人为想象的"场景"，建构了相异于这个空间里的其他人，甚至独立于彼时彼刻存在于运动会开幕式场地曾经的自己。他们把自己转换为空间"他者"。

把握当下成为后工业社会生活的共同趋势，而媒介想象无疑成为把握当下最直接的途径。运动会开幕式上自拍、摄像、PS 所形成的图像和影像被即时地上传到微博、微信、个人 QQ、QQ 群、论坛、贴吧中，手机、IPAD、电脑等新技术装置为他们充分赋权而加快着图像和影像的传播和分享。青年正是在这种社会文化倾向中将自己的所视、所思、所失图像化，其媒介想象在很大程度上表征着他们对有关自身一切的感受。除了新技术手段和新技术装置所提供的技术条件外，青年更在把握当下中利用这些技术手段和装置既把自己设定为观看的对象，同时也以观看者身份进行审视。在镜头中，青年根据其视觉经验会主动建构出新的观视主体—位置—观视主体与位置的合并。观视主体既涉及他们作为观视（拍摄）主体时的角色，也意指作为被观视对象的想象性主体，而"位置"则是指专为主体而设的位置，即读者和观者。在新的视觉话语中，"看什么"和"怎么看"的规则与禁忌在一定程度上被打破，这使得主体—位置发生巨大改变。在观视技术急速发展的当下，青年不仅将镜头投向外在的物质世界，更将其内心自我作为镜头呈现的目标。上至国家政策、外交战略，下到爱情挫折、求职就业，无不由其所视延至所思、所失，镜头捕捉着具象和抽象的一切目标。他们也对"怎么看"的规则进行着自我演绎，主体—位置实现了动态互换。在运动会开幕式上，在镜头所及之处，他们既作为观视对象，又作为观视主体审视着即将图像化表征的校园空间。青年用读者或观者"位置"的冷静思维，评价在场的被观视主体的现场表现，校园空间在此被他们用作承载现场表现的舞台。换言之，校园空间是被观视主体建构意义的空白画布，他们在其中建构着自己的意义。在青年将自己界定为被观视对象的同时，他们也利用新的视觉经验以观视主体（位置）的身份设计着即将开始的观视行为，他们自己作为被观视对象应如何在特定的校园空间里"表演"，作为舞台的开幕式现场应如何布置以与"表演"浑然一体。青年利用镜头打破了传统视觉话语的森严等级，而将自己的观视中的看与被看的角色进行合并。他们的镜头既伸出去统摄万物，又缩回来反观自身，看与被看被他们合并成了同一个过程，视觉的反身性在镜头之眼的主体—位置中获得明确体现。在看与被看的角色互转中，青年的镜头规定着表演者与观视者的行为举止、表情仪态。他们在开始表演之前，就已经用镜头般的视线预先设计好如何利用这些空间呈现出最好的状态，"位置"或观者的冷观视线则迫使他们审视、调整自己即将开始的表演，开幕式现场则为这种主体互转提供着意义生产的空间规则。约翰·伯格对此的判断是"影像的含义会因为紧贴与紧随它的事物而改变"①。开幕式现场在青年的镜头中成为他们媒介想象不可或缺的空间场景。于是，世间万物与内心自我在青年的镜头之眼那里都变成了或瞬间或持续的"镜像"。

（三）校园空间重新语境化中的青年媒介想象

在传统的媒介形象中，特定的空间总是表征着特定的含义。正是利用这些特定含义，媒介不仅建构着一个空间里的身份政治，"媒介还有强大的文化认同功能，它创造具有地方色彩的都市文化，提供身份认同、价值认同和文化认同的意义"②。城市的观看之道和青年的镜头之眼改变了城市空间的功能和作用，空间场所与身份建构的关系被重置，特定空间在他们的技术性观视中被重新语境化。新媒介时代的青年在这种重新语境化的空间中塑造他们的"空间'他者'"角色：自我想象却又渴望认同、戏谑规则却又强调日常生活。

青年通过校园空间的重新语境化，即这些空间的意义再生产而建构出与标准化媒介形象不同的"他者"。这个"他者"角色，正是青年所要建构的自我想象却又等待认同的媒介形象。正是媒介，控制着人们的现实感受而将城市空间建构为表征意义的场所，使空间具有了"诗学"的意味。借用亨利埃塔·利奇的观点，

---

① ［英］伯格：《观看之道》，戴行钺译，广西师范大学出版社 2005 年版，第 27 页。
② 陈卫星：《城市的欲望与底层的想象》，载赵汀阳主编：《年度学术 2006——农村与城市》，中国人民大学出版社 2006 年版。

"诗学"的表征关注"意义通过语言和物品被建构和传达的方式"①。在此，空间"诗学"是意义通过城市空间被建构和传达的途径。通过媒介传播，城市空间拥有了充满感情色彩的特定含义，并使城市本身、机场、车站、公园、咖啡馆、餐厅、校园、商场在每个人心中都形成不同的情感意义。作为城市空间的有机部分，校园空间具有建构青年身份的功能。教室意味着知识、学习、解惑，图书馆意味着上进、求索、积累，操场喻指健康、阳光、生机，宿舍指涉隐私、友情、休息，校园草坪关涉漫想、爱情、沟通。在大众传媒那里，这些空间及其意义无不指向青年的特定身份，媒介所塑造的标准化媒介形象也形成于这些空间中。青年的镜头之眼解构了这些空间的意义机制。换言之，他们将这些空间重新语境化而通过自我想象赋予它们不同的意义。宿舍成为情感宣泄、娱乐戏仿、公开隐私的舞台，操场被青年当作求爱、表白的阵地，草坪及其他可用空间成为毕业仪式必不可少的狂欢场地，教室也被用来展示生活细节。图书馆更是微电影必须涉及的标志性建筑，就连卫生间也被他们用作表达情绪的空间。毕业照仪式充分地体现着校园空间的重新语境化：

　　场景1：大连理工大学城市学院附近的一个仓库着火，威胁到学校的宿舍楼。大火迅速得到有效控制，学生被及时、

---

① ［英］利奇：《他种文化展览中的诗学和政治学》，载［英］霍尔编：《表征——文化表象与意指实践》，徐亮、陆兴华译，商务印书馆2003年版，第153页。

安全地撤离到附近酒店休息。学生以起火宿舍楼为背景拍摄毕业照。

场景2：南京大学学生的"我爱你，再见"毕业影集涉及仙林校区的大鼎、青年活动中心的回旋楼梯、恩玲剧场的彩虹墙带、校车的站牌等地点，这些常见的场景都成了照片的背景。站在路旁，排队低头玩手机等公交；在教学楼前摆"剪刀手"；在校门口跳跃；坐在大鼎上聊"那些年追过的女孩"……拍下的这一幕幕，正是大学里最真实的生活。

场景3：广东外语外贸大学新闻与传播学院数十名毕业生，在校图书馆前装扮出民工造型摆拍毕业照，并将这些照片发布到微博上自嘲"不是高富帅，也不是屌丝，而是社会主义新民工"。

场景4：在龙岩学院的田径场上，几十个显摆着美腿的女生，穿着学士服，摆成两个字母，一个"A"，另一个"V"，合成一个"AV"的字样。

通过镜头之眼，青年对校园空间的自我想象体现为即时的图像符号。校园里的任何角落都是他们能赋予全新意义的能指，而不再仅是固定规则中的身份—空间符号。与此同时，青年却又渴望着空间意义再生产得到学校、家庭、大众传媒的认同。如果将校园空间视作费斯克所谓的"文本"，校园空间及其正常的意义建构就是初级文本，而青年对这些空间的重新语境化就是次级文本。青年对这个次级文本进行了意义改造，使重新语境化的校园空间或次级文本产生他们所建构的意义。青年将次级文本上传至互联网络和移动互联网络,则产生了凸显于日常生活中的再次级文本。再次级文本或第三级文本来自于日常生活而又对其产生影响。青年当对校园空间的重新语境化以"另类"面目出现时,引起大众传媒的注意,从而以新闻报道呈现并反过来影响空间的重新语境化。三级文本结构之间存在着互文性的关系,即"一组发生的意义",而这些意义就是从互文性中生产出来的。按照费斯克对垂直型互文性的解释,初级文本与其他文本间的互相指涉关系是产生意义的重要途径之一。青年对校园空间的重新语境化,并被镜头捕捉、公开传播和分享,则是二级文本的生成过程。它在网络空间中的传播与分享推动着人们对初级文本的关注。校园空间及青年自身被编码为图像符号,并在自娱自乐中等待着外界的认同。二级文本在开放、即时的网络环境中不可避免地受到网民的关注,赞赏、反对、揶揄、旁观成为态度的直接表达。前互联网时代的大学校园是纯净的求学之地,新媒介时代的大学校园却变得复杂、多维、成人化、"场景"化,这与二级文本对初级文本的影响不无关系。大众传媒对二级文本的渲染、夸大,甚至妖魔化的报道构成第三级文本,进一步加深了外界对校园空间的这种认识,校园空间的重新语境化在三级文本结构中的意义由此产生。第三级文本中存在的偏见,与青年对校园空间重新语境化的自我想象形成反差,而这种反差进一步激发了青年重新语境化的意识和实践。三级文本结构的反复循环,将青年的自我想象与渴望认同之间的距离增大,"空间'他者'"媒介形象由此更加鲜活。

另一方面，青年"空间'他者'"媒介想象也体现为戏谑规则却又强调日常生活的矛盾。校园空间的重新语境化，从后亚文化角度来看就是"场景"的生产。场景的产生与青年亚文化的聚会密切相关，舞蹈场景、音乐场景、俱乐部场景等都是亚文化行为和活动发生的空间背景。"在特定的场景中，每个参与其间的人都可以表现出原初的自我，都不用担心是否被他人接受。"① 校园空间的场景设置突破了后亚文化的音乐领域而扩展至与青年日常生活密切相关的生活、娱乐、学习、情感领域，场景与生活方式存在着天然的内在联系，因为它们二者都将来自于并改变日常生活的意义作为自身存在的价值标准。从景观社会的视角考量校园空间及其媒介再现，不难发现景观统治的实现不再是以生产劳动时间为限。相反，它最擅长的是对劳动时间之外的闲暇时间的支配和控制。面对景观社会的景观统治，"反抗青年正在发出新的抗议，这一抗议尽管是含糊的、试验性的，但它非常清楚地暗示了一种对艺术、日常生活和旧政治专门化领域的拒绝"②。以列斐伏尔所关注到的由消费建构起来的"日常生活"领域为逻辑起点，德波所领导的情境主义国际正是一种试验性的将景观生活颠倒为艺术瞬间的革命实践活动，它提出三种革命策略：漂移、异轨和构境。必须指出的是，当代青年的校园空间重新语境化并非所谓的"革命"，也非青年亚文化强调的仪式性抵抗，更非德波刻意灌

---

① 马中红：《从亚文化到后亚文化——西方青年亚文化研究理论范式的流变》，《中国社会科学报》2010 年 11 月 16 日。

② ［法］德波：《景观社会》，王昭凤译，南京大学出版社 2007 年版，第 35 页。

输的"革命"概念，它更倾向于通过嘲笑主流文化、父辈文化、传媒文化的空间机制来制造差异、获得快乐、宣泄不满、实现认同。然而，情境主义国际所提出的革命策略对探析青年所建构的"场景"有着深刻的启示意义。青年在课间、课后、节假日等空暇时间改变校园空间的原有意义，将其从以学习为主的特定空间扩展为日常生活的空间，使学生这一单一身份充实为一个完全的人。校园空间被重新语境化为日常生活的空间，是对校园建筑空间布展凝固性的否定。同时，镜头之眼和对城市空间的媒介漫游者式观看方式则使青年从镜头框选和数字传播的视角，将物质的空间、身边的日常生活、全面的主观感受用新媒介技术来突破它的文化逻辑和空间观念。标准化、妖魔化的媒介形象被颠覆，"利用意识形态本身的物相颠倒地自我反叛，比如使用广告、建筑和漫画的反打"① 得以实现。这两个过程充分地体现了"漂移"和"异轨"策略。青年将教室、图书馆、操场、草坪等校园空间纳入到日常生活的意义生产过程，利用这些空间建构出学习之外的丰富生活场景揭示出他们的真实意图。如果说"漂移"和"异轨"策略尚属于青年被动地改变空间意义来实现其意图的途径，那么"构境"则是他们主动地根据真实意愿重新设计、创造和体验人的生命存在过程。按照德波的观点，构境就是"由一个统一的环境和事件的游戏的集体性组织所具体地精心建构的生活瞬间"②。尽管德波

---

① ［法］德波：《景观社会》，王昭凤译，南京大学出版社 2007 年版，代译序，第 37 页。

② ［法］德波：《景观社会》，王昭凤译，南京大学出版社 2007 年版，第 37 页。

所说的是广泛意义上的青年人群体，但"统一的环境和事件的游戏的集体性组织"描述却尤为适合中国青年群体。校园空间的封闭性、招考程序的一致性、学制流程的标准性、社会环境的共同性、相似年龄的叛逆性、成长迷茫的时代性，使得他们面临高度相似的外部环境，形成共同的内心感受。在大众传媒建构的媒介形象中，他们的所视、所思、所失在很大程度上被建构为同一内容，即大众传媒对青年的"定型化"① 或刻板性建构。换言之，抓住青年少数简单的、生动的、记得住的、易于捕获的和广为认可的有关个人的特性，对其夸大和简化，并固定它们使之不再变化或发展。定型化的有效策略就是"分裂"，它把正常的和可接受的东西与不正常的和不可接受的东西分开，然后排斥后者。从社会结构来看，所谓不正常的、不可接受的群体就是被建构为"他者"的那部分人。从特征来看，青年的性别、装束、言谈举止、思想观念，甚至情感发展都被大众传媒定型化了；从社会地位、社会资源、生理和心理特点及其与社会文化的关系来看，青年当属被主流文化、父辈文化、传媒文化建构为"他者"的群体，这也正是巴布科克做出"在社会上处于边缘的，通常在符号上是处于中心的"精辟结论的原因。定型化策略还体现在用符号确定各种边界，并排斥不属于它的任何东西，以此来维持社会和符号秩序的组成部分。在斯图亚特·霍尔看来，"定型化倾向于在权力明

---

① ［英］霍尔：《"他者"的景观》，载［英］霍尔编：《表征——文化表象与意指实践》，徐亮、陆兴华译，商务印书馆 2003 年版，第 261 页。

显不平衡处出现"，"权力通常被用来对付此等的和被排斥的群体"①。青年的年龄、身份、职业、收入等人口统计变量被作为符号边界用以划分群体，他们被归于与主流文化、父辈文化、传媒文化明显不同的群体中，俯视的建构态度形成了某种社会权力的不平衡。这些人口统计变量与空间的结合，进一步加剧了这种社会权力不平衡的态势。面对这种不平衡或不平等，青年采用了"游戏的"娱乐态度，即欲以符号游戏者和文化参与者的角色和形象消解社会权力所设定的符号边界，并采用拼贴、同构、表意、挪揄、反讽等手段对其进行调侃和讽刺，并在其中获得自我愉悦和狂欢式的快感。从校园空间的利用来说，青年将其重新语境化意在消解校园空间与前述人口统计变量的固定联系，解构主流文化、父辈文化和传媒文化创设的定型化，从而把自己定位为"空间'他者'"——定型化"他者"的"他者"。换言之，打破人为设置的社会符号边界。这个过程就是"精心建构的生活瞬间"——青年主动地利用重新语境化的城市空间把自己建构为与定型化媒介形象不同的"他者"形象。在实践中，青年利用镜头之眼和互联网络的开放结构以及日常生活态度把校园空间"构境"为生活的、情感的、完整的空间，人与空间之间相互的意义建构使后者超越"背景"的限定，而使校园空间被转换为青年所视、所思、所失的空间表征。在青年镜头之眼和媒介消费者式城市观

①　［英］霍尔：《"他者"的景观》，载［英］霍尔编：《表征——文化表象与意指实践》，徐亮、陆兴华译，商务印书馆 2003 年版，第 261 页。

看中，相机镜头、摄像机镜头、手机镜头的框选，将校园空间想象性地重构为一幅幅、一帧帧或静或动的图像。校园空间经过这样的重构，从社会文化所规定的学习场所转向日常生活场景，宏大的空间叙事转变为微小的、瞬间的日常叙事，青年在这些转向和转变中超越大众传媒建构的媒介形象而实现了"空间'他者'"媒介想象。或许，德波的结论是对青年"构境"意图的最好诠释："人们要首先发展一种真实的欲望以代替现存的补偿物；他们将拒绝被他人所规定的行为的全部形式，并不断地彻底改造他们自己独一无二的满足；他们不再认为生活是某一稳定性的单纯维持，相反，他们热望他们行动过程的无限丰富。"①

（四）城市空间"场景"中的青年媒介想象

青年的镜头之眼不仅投向校园空间，更将城市公共空间纳入其中。媒介消费者式的城市观看之道，指导着他们将这些城市空间建构为服务于"空间'他者'"媒介想象的"场景"。对于校园之外的公共空间，青年用其速度化的观看方式和生活化的认知方式扫描着一切可以用于建构"场景"的场所。他们将物质城市与影像再现之间的界限打破，人与城在图像再现中须臾不可分。建筑外墙、街头小巷、街道地面、集会现场、商场超市、城市地铁、休闲公园等城市空间，与涂鸦、跑酷、快闪、3D 地画、Cosplay、街头体育等身体呈现行为紧密结合，城市空间在与身体的结合中

---

① ［法］德波：《景观社会》，王昭凤译，南京大学出版社 2007 年版，第 175 页。

被建构为"场景",身体在"场景"中被观视。这两个过程被统合在镜头之眼与媒介漫游者的城市观看里。与此同时,城市空间"场景"化让青年在解构传统的"中心—边缘"城市结构时却又陷入商业消费主义浪潮里,由此形成其解构空间秩序却又遵从商业秩序的共同体。

时至今日,梅洛·庞蒂创建以身体为逻辑起点的存在现象学,充分阐释了身体在社会构成中的基础作用,从此奠定了身体在当代思想中的地位。人类身体,从来都是城市空间研究的重要对象,从维特鲁威到古希腊、古罗马再到文艺复兴时期的建筑观点,都把身体看作是人把握城市、城市空间乃至世界整体的空间尺度和逻辑起点。城市空间与身体的关系在当代青年那里,则体现为城市公共空间在身体表征过程中被建构为场景,同时身体彰显于场景中,这一过程在青年媒介漫游者式城市观看中得以统合。城市公共空间被建构为彰显身体的场景,身体实现了对城市空间的征服。与校园空间重新被语境化不同,城市公共空间是青年走出校园、主动将其进行意义再生产的空间场域。这些空间与身体呈现行为的结合,使得它们自身被青年建构为各种场景,承载他们所要赋予或改造的意义。从广义来说,时尚文化与城市文化有着不可分割的内在联系,时尚主要流行于城市圈中,因此青年的时尚行为或多或少、直接或间接地都与城市空间发生关系。与城市公共空间紧密联系在一起的跑酷、快闪、街头运动、Cosplay、涂鸦、3D 地画等青年时尚行为均以身体为表征,或动感十足的身体动作(如跑酷、街头运动),或静态的姿势表演(如快闪、Cosplay),

或以身体为载体所呈现的角色扮演（如 Cosplay），或以身体为表达对象的意识外化（如涂鸦、3D 地画），均把身体置于城市空间的意义编码中。从这个意义上说，跑酷、快闪等行为可以被视作身体呈现行为，并被作为身体现象的物化体现。在青年所建构的城市场景中，城市空间与身体呈现行为在跑酷运动中呈现出紧密联系。跑酷"常被归类为一种极限运动，以日常生活的环境（多为城市）为运动的场所，通过攀爬、跳跃、翻腾等各种炫酷动作，穿越围墙、树木、栏杆等障碍物，达到目的地的极限运动"①。在赫伯特主义的理论营养和障碍穿越实用技能的作用下，大卫·贝尔与其志同道合者塞巴斯蒂安·福坎（Sebastian Foucan）将这些技能发展为超越极限、征服城市空间的运动形式，跑酷理念由此形成。"2006 年，北京电影学院学生杜易泽将跑酷运动介绍到中国，先后成立了中国跑酷俱乐部和跑酷联盟"②。近年来，《暴力13 街区》、《企业战士》、《007 之皇家赌场》、《曼谷狂奔》、《飞跃伦敦》、《十月围城》、《跑酷军团》等中外电影更使跑酷运动受到全民关注，它也迅速在国内各大高校普及开来，成为青年超越自我、打破规则、征服城市的时尚运动。作为城市文化的组成部分，跑酷最大的特点就是用身体超越城市公共空间，把身体视作唯一的工具去征服建筑、栏杆、坡道、围墙等所构成的城市空间。在这里，城市空间的原本意义、功能规则、权力结构被改写，这些

---

① 陈志军：《国内跑酷运动的特点与发展前景初探》，《当代体育科技》2013 年第 29 期。
② 王润斌、徐波：《论跑酷运动及其文化性格》，《体育学刊》2010 年第 2 期。

空间被作为身体征服的对象和客体而被赋予了全新的意义。城市空间在充满意识形态的城市规划者和设计者那里是具有特定含义的，不同的空间隐喻不同的身份、地位性别、权力。政府机关意指权力，影院关涉娱乐，地铁喻指快捷，围墙意味阻隔或距离，广场指涉休闲与健康，家庭象征隐私和放松，特定空间被人为赋予了特定含义、设定了权力关系，这个过程取决于主流意识形态的需要。英国学者雷蒙·威廉斯对此的判断是空间不过是社会与意识形态建构的结果①。城市空间被人为赋予的意义在城市空间的功能规则中得到充分体现，从商业和消费的角度看，这种城市空间功能规则具有鲜明的主题化倾向。"今天主题化空间的类型也跨越了从私人的家庭居室一角的收藏品展示空间、一间小型的主题餐厅，到城市主题购物街区乃至整座城市的不同空间尺度。"② 迪斯尼乐园、深圳世界之窗、中华风情园、大型购物中心（shopping mall）、机场、美术馆、博物馆，直至城市历史保护区和城市本身，主题化空间赋予了城市公共空间鲜明的特定功能，休闲、消费、娱乐、工作、生产、教育等具有特定功能目标的行为和活动均在特定空间进行。城市空间的意义和功能体现出明确的权力特征，在城市的地理格局中，经济发展与政治权力的扩展会形成中心—边缘结构。这种结构凸显了现代城市空间秩序，工人、外来

---

① 孙绍谊：《想象的城市——文学、电影和视觉上海（1927—1937）》，复旦大学出版社 2009 年版，第 7 页。
② 李翔宁：《想象与真实：当代城市理论的多重视角》，中国电力出版社 2008 年版，第 104 页。

移民、少数民族、城市贫民、富人不仅在各自所属区域内生活，日常行为也被限制在一些特定的区域。琳·洛夫兰德（Lyn H. Lofland）认为现代城市与前工业阶段的城市的差异之一就是区分群体身份方式的差异。现代城市空间秩序占据支配地位。各种区域与专门的分工相关，根据阶层、种族、年龄、性别等进行归类，而外表和穿着不再作为社会身份的固定标志。① 中心—边缘结构的城市空间秩序为城市公共空间的意义、功能和权力提供了建构框架，也将人的身体桎梏于这些空间之中或之上。跑酷运动则打破了这种空间秩序，青年用身体呈现颠覆了中心—边缘结构的固定规则。在青年那里，城市空间不过是他们用于表现身体之美、动作之力、服饰之炫的场景。在这些场景中，身体姿势、公共空间、服装、表情与围观者融于一体，城市空间的特定意义、固有功能、权力关系在他们那里被改变，城市公共空间与身体融为一体而被青年建构为直观的图像符号，静止的空间与动态的身体姿势在城市疾走过程中交相辉映，共同成为围观者和镜头中的"场景"。在青年看来，跑酷是彰显个性的运动，因而是"拒绝竞争"的；它也是一种"非规则自由主义运动"②，因为它充分利用城市空间资源，将这些空间看成跑酷的实践场所，更关键的是它不需要任何规则，仅以炫酷地翻越障碍为原则。在这样的理念和实践中，城市空间成为青年穿越的障碍，跑酷亦即征服城市空间的运动项目，

---

① Lyn H. Lofland, *A World of Stangers: Order and Action in Urban Public Space*, New York: Basic, 1973, pp. 82 – 83.

② 王润斌、徐波：《论跑酷运动及其文化性格》，《体育学刊》2010 年第 2 期。

这与城市空间的功能观念背道而驰。身体与城市空间的关系在跑酷中转变为征服与被征服的关系，建筑、围墙、栏杆、街巷、广场及其他空间，都成为青年通过跑酷所要翻越或征服的障碍物。城市空间在此不再是桎梏身体的限制场所，相反，身体在征服空间的过程中得到释放和表现。正如跑酷运动的精神导师乔治·赫伯特所言，"跑酷不是一系列动作的组合，而是一种战胜生活中任何苦难的心理状态"①。青年在挑战极限的过程中不仅征服了城市空间、突破了空间的限制，更是一种不畏艰险、挑战极限的表现。

与跑酷类似的是快闪活动。快闪（flash mob）于 2003 年 5 月现于美国曼哈顿，一位叫比尔（Bill）的美国神秘人士召集数百位参加者在纽约时代广场玩具城向一头机械恐龙敬礼，几分钟后所有人迅速散去。这一事件立即引发舆论关注，随后风靡全球。"被称为'快闪族'、'快闪党'或者'摩客'的 Flash mob，实际上就是通过互联网召集数以百计互不相识的人，在指定事件涌到指定地点完成某些稀奇古怪的动作后，又在短时间迅速消失。"② 时至今日，快闪已发展为一群陌生人通过网络通信手段临时聚集在特定的空间或场所，利用一致的身体动作或姿势实现整齐划一的集体行动的短暂行为。快闪在中国迅速赢得年轻人，尤其是青年的追捧。如在 2011 年 4 月 1 日"愚人节"这天，由厦门理工学院学生组织的"快闪"活动在厦门中山路开展。当晚 8 点，一百多人在

① Sebastian Foucan, *History——Creation of the Group "Yamakasi" in* 1997, http://tracer2000. free. fr, 2007 - 07 - 02.

② 陶建钟：《"都市快闪"：游戏还是责任》，《中国青年研究》2005 年第 4 期。

一声哨子的召集下迅速集结。这些学生戴着各种各样的面具，以吹哨人为基准，按长方形散开，瞬间定格成塑像姿势静止不动。

再如北京 NFM 北京快闪舞团最近两年的快闪活动：

2013 年 1 月 26 号，康师傅三加二快闪活动，地点王府井，原创舞蹈《有模有样》；

2013 年 2 月 23 号，康师傅三加二第二次快闪活动，地点王府井，原创舞蹈《有模有样》；

2013 年 3 月 29 号，公益快闪"没水了，我们卡带了"，呼吁大家节约用水；

2013 年 8 月，百变大咖秀快闪；

2013 年 8 月，亦庄跑车秀快闪；

2013 年 8 月，万达索菲特大厦婚礼快闪；

2013 年 9 月 15 日，HQ 尚客 3 周年店庆快闪；

2013 年 10 月 20 日，"爱动物 爱地球"公益环保快闪；

2013 年 10 月 27 日，清华大学研究生快闪活动，参加着为清华大学的硕、博士研究生及留学生；

2013 年 12 月 20 日，一对新人快闪求婚，送祝福，30 人参加；

2013 年 12 月 25 日，一对新人快闪求婚，送祝福，30 - 40 人参加；

2014 年元旦，与 NO.9 公益组织，联合五大舞社一起在王府井举办了主题为"城市活力—正能量"的公益快闪活动；

2014 年元月，北京建筑设计院在职职工快闪活动；

2014 年 2 月 8 日，某西餐厅快闪求婚，送祝福，圆满成功；

2014 年 2 月 14 日，情人节精品购物指南快闪活动。

从特征来看，快闪活动具有参加方式的自发性、成员身份的匿名性、呈现内容的碎片化、集合空间的公共性、表演形式的短暂性、身体姿势的奇观性等特点。从空间与身体的关系来看，公共的城市空间与夸张的身体姿势成为快闪行为极为利用的两个要素。快闪活动一般选择在人流量集中、视野开阔、不影响公共秩序的城市空间实施，如城市广场、购物场所、办公场地等，这些空间的原有意义、功能和权力结构在瞬间的、无主题甚至无厘头的表演内容中被解构。围观者的无措、诧异、惊讶，大众媒介的后发报道，乃至参与者特有视角的网络再现，是对正常的社会认知、特定的城市空间秩序、标准化媒介报道的打破，反映爱情、友情、公益、娱乐、商业，甚至无主题的内容消解了强加于身体和公共空间上的社会规训，而使其成为快乐、快感的来源和载体。此外，涂鸦、街头体育、3D 地画、Cosplay 等活动也是利用城市空间和身体来实现打破社会规训的典型例子。建筑外墙、街头空地、街道地面、建筑内部，与运动的、抽象、易装的身体产生奇妙的组合，严肃、规范、正式的空间功能和意义被摆脱了权力规范的身体征用，这些空间转变为娱乐、快感、交往的场所。

必须强调的是，城市公共空间被建构为展现身体的场景与身体在场景中的呈现，是同一过程的两个方面，更关键的是它们在青年速度化的城市观看方式和生活化的城市认知方式中获得统一。城市公共空间被建构为场景，无法离开青年的当代视觉经验，或者说他们的镜头之眼已经预设了城市观看的界面化立场。在新媒介的影响下，青年投向物质世界的视线已经被界面化、速度化，即即时化的技术性观视。这种即时化的技术性观视行为依托手机镜头、相机镜头、摄像机镜头及其联网功能，实时地将镜头捕捉到的图像传输至互联网络和移动互联网络，实现了与外界的跨越时空的沟通和交流。在这个过程中，镜头成为青年把握外部世界和内心感受的镜头之眼，他们的观看途径、视觉经验，乃至生存方式已经倾向于界面化或虚拟化。与此趋势直接相关，投向城市空间的镜头之眼也将城市界面化为适合镜头之眼捕捉的一个个界面，跑酷所疾走的大街小巷、建筑，快闪所选定的城市广场、购物场所、办公场地，涂鸦喷向的建筑外墙、城市立面，用于 3D 地画的街道地面，Cosplay 的集会地、展览厅、商演地，均在或平视、或仰视、或俯视的镜头触摸中被转换为平面二维结构的图像，更关键的是这些图像旋即被上传至互联网络予以分享。镜头捕捉、图像上传、网络分享的过程实实在在地把城市空间转换为一幅幅、一帧帧或静或动的二维图像，三维空间被转换为二维图像，城市空间在这个转换中被镜头界面化为"真实存在"的方块式空间。镜头之眼的技术思维深刻地影响了青年的城市空间秩序观念，传统的"中心—边缘"城市结构被改换为已被镜头捕捉—即将被镜头捕捉的城市空间秩序，城市公共空间的传统观念被解构，场景式的城市空间观念由此形成。单纯的城市空间并不足以生产出青年需要的场景，只有身体的介入才能实现这一目标。身体对城市空间的征服，在已被镜头捕捉—即将被镜头捕捉的城市空间秩序结构中得以实现。身体一方面受到来自权力的控制和管理，另一方面身体也可以作为反抗和抵制权力的手段。在城市公共空间所建构的场景中，青年所实施的身体呈现行为就是一种反抗和抵制权力的手段。在传统话语中，身体总是隐于服饰之下，唯有符合大众媒介所建构的标准的形体才能裸露或展现，而且社会文化权力用禁忌的方式规定了身体姿势的摆放。在镜头之眼的投射中，青年摆脱了社会文化和大众媒介所建构的规范，他们在自我建构的城市空间场景里用身体解构了种种社会文化规范、标准，跑酷的实用动作、快闪的随意姿势、Cosplay 的肆意扮演、街头运动的放肆跑动，唯一的标准就是来自于打破种种禁忌的快乐、愉悦、快感。不仅如此，身体与特定空间的角色关系在此也被打破，公共空间所拥有的身份建构功能被颠覆，城市空间不再是桎梏身体的限制，而变为身体征服的对象，身体与空间关系被倒置。在这样的场景中，身体被城市空间凸显、放大，城市空间成了真正意义上的背景。青年在城市的技术性观视中，熟练地运用镜头之眼扫描着城市的所有空间，搜寻能让身体更好地得到展现的空间场域。互联网络中的个人领域等待着他们即时上传的图像，城市场景静静地等待着他们的征服，身体摇身一变而成为图像和场景的主角。社会文化权力、大众传媒的标准被弃于别处，青年娱乐、快乐、快感的标准与文化产业的利益价值观一道吸引着主流文化、父辈文化、传媒文化的参与，青年的自我标准拥有了被公共化的可能。

城市空间被建构为呈现身体的场景，身体则在场景中得到彰显。这种关系，不仅体现在速度化的城市观看上，也统合在生活化的城市认知中。城市公共空间被青年即时地、速度化地建构为用于打破强加于身体的种种禁忌的场景，身体在这样的场景中得到充分展现，这个过程指涉青年对融入城市生活的向往和追求。在媒介再现中，城市与青年之间呈现出既相关又疏远的关系。青年的求学生涯主要在城市里发生，城市与他们具有不可分割的内在联系，大学校园、火车站、汽车站、地铁站、公交车站、公园、旅游景区、购物场所、娱乐场所、志愿服务社区、勤工俭学的街巷等勾勒出青年的形象——求学者、消费者、服务者、普通人，青年的所视、所思、所失皆来源于此、发生于此、感叹于此。同时，青年与城市关系又显现出几分疏远。他们的特定身份在大众传媒的标准化再现中被一再强调，大学校园相对封闭的环境进一步强化了这种身份的建构。从某种意义上说，过于单一、单调的这种身份使得他们与城市保持了一定距离。消费主义社会中通过使用和消费商品来建构身份的深刻机制，"流动的社会"中为应对身份危机而过度地依赖消费，视觉时代里过于强调商品的象征价值以"炫耀性"地建构身份，以及传统的宏大、悠远的城市叙事让位于微观叙事的碎片化趋势，都对青年产生深刻影响，青年对其身份的自我认知也随之扩展，单纯的学生身份向完整的人的身份转变。对此，明显的体现之一就是青年对融入当下城市生活的迫切渴望。对城市空间的场景建构，以及将身体呈现于这些场景，就是青年对城市的标准化、定型化媒介再现的颠覆。大众传播媒介的城市再现，究其本质不过是主要由专业人士构成的社会精英、文化精英、专业精英所主导的"景观的'屈从式消费'"①，而在此再现中的城市认识方式也是被动的、片面的、虚幻的。在新媒介时代里，各种镜头和互联网络鼓励青年拿起手中的手机、相机、摄像机去观视他们所在的城市及其各种空间，他们既成为拍摄主体，也变成镜头之中叙事的主体。青年的镜头之眼投向城市的各个角落，"我"和城市的关系在镜头和互联网络中取代了传统媒介再现中的城市与"我"的关系。更为重要的是，青年镜头之眼中的"我"与城市的关系，彰显出平等主义、日常生活化、即时化的城市主动认知方式，它强烈地表达了青年参与城市生活、拥有完整身份的人的迫切渴望。跑酷、快闪等强调身体与城市空间结合的时尚行为，不过是青年将身体和城市空间建构为符号，以符号游戏的方式主动地介入城市生活、引发外界关注的一种情感表征。在这些表征中，身体和城市空间都被建构为日常生活化的，不管是前卫、另类的身体展现及其服饰装扮，还是公共空间的界面化表征，都是青年将日常生活身体化或空间化的一种表述，它们源于青年在生活中的所视、所思、所失。

　　另一方面，青年在解构空间秩序的同时却陷入商业消费主义

---

① ［美］凯尔纳：《媒体奇观》，史安斌译，清华大学出版社 2003 年版，第 3 页。

中。在城市公共空间所承载的身体呈现中，只有前者被建构为特定场景，身体呈现行为才是有意义的，并且不违反道德伦理和法律法规，这使得青年的空间—身份再生产具有了社会意义和合法性。在城市空间与青年身体呈现的关系中，城市空间被青年的镜头之眼建构为界面那端自我品评、邀人共享的身份生产背景，城市空间的既有规则被打破，无论是跑酷、快闪，还是涂鸦、Cosplay，它们与身体的同构关系被人为地建立起来。然而，必须注意的是，城市空间的利用与意义再生产并不是任意妄为的，这个过程是在"场景"建构规则之内完成的，换言之，唯有城市空间被建构为所谓的"场景"，青年的身体呈现行为及其内在动机才是被相关法律、法规以及道德伦理所允许的。从这个意义上说，青年的空间—身份再生产仍旧未能脱开社会规训的约束，只不过是在不同的空间话语中实现着有限的自由。换句话说，城市空间中发生的身体呈现行为，不管是校园空间的重新语境化还是城市空间的再利用，只能在"场景"的范畴内发生才是合法的社会行为。跑酷所选择的路线、选用的装扮，快闪的地点、主题、活动方式，涂鸦的内容、墙面，Cosplay 的展现场所、扮演对象、角色扮相等，不过是在青年、传媒、商家的一致协议中实现的社会角色想象。青年的自我表现冲动，大众传媒对新闻价值的无限追求，商家对利润永无止境的营销诉求，均融合在空间与身体的相互作用中。于是，各类比赛、公益活动、新闻主题成为这种相互作用的现实体现，或明或暗地鼓励、诱惑着青年积极参与、重构身份。值得关注的是，这一系列过程使城市空间的现实意义与青年、传媒、商家合谋生产的再现意义之间距离更为突出，而这种距离在福柯所谓的"异托邦"概念里得到了充分诠释。在福柯看来，异托邦（Heterotopies，又称为异质空间）不像乌托邦那样不存在，但是它的存在方式又绝不同于传统空间的定位空间和伽利略以来的延展空间。异托邦是真实存在的场域，但其存在方式却是反场域的。"公墓是一个异托邦的场域，因为它聚集了来自不同时代、地方和文化的死者。这个场域是复合的、拼接的、虚幻的，但是这块地皮却是真实而确定地存在于城市的某个地方。"① 此外，戏剧舞台、殖民地、海船也都是异托邦的例子。青年媒介想象的城市空间建构，从某种意义上说也属异托邦的范畴。场景是利用真实的城市空间，运用既定的规则实现超越其本原意义的异托邦式场域，青年是这块场域中的演员或主角，而传媒和商家却是这场演出的幕后导演和制片人。不管剧情如何曲折、离奇，其最终目的却唯有收视率、点击率和利润。青年刻意追求的城市空间征服者的身份，在大众传媒和商家那里不过是增加利润的光鲜外衣，其实质仍旧未能挣开营销创意的范围。正因为如此，伯明翰学派代表人物迪克·赫伯迪格悲观地认为，"在制造包装及公开的过程不可避免地会使亚文化的反抗力量被削弱"②，由此推知存在一个"收编"的过程：有意义的风格由原生态的亚文化"在街头"产生，随之被寄生的媒介产业剥削和恢复。尽管在随后的理论发展

---

① 汪民安主编：《文化研究关键词》，江苏人民出版社 2007 年版，第 165 页。
② Dick Hebdige, *Subculture: The Meaning of Style*, London: Methuen, 1979.

中，商业"收编"观点转变为"合谋"观点——真实的"原创性"与商业的"剥削"已难以区分了①，但青年身份建构冲动背后活跃着商业利润的身影这一事实依旧存在。客观地说，异托邦式的城市空间—身份机制是青年身份建构冲动与商业利润携手实现的文化意义和社会意义补充，尽管看似另类、前沿、叛逆，却依旧在主流文化、商业文化、传媒文化、父辈文化的领域内。同时，这些场景的建构具有鲜明的自我授权性特征，或称为想象中的自我授权。在这种授权中，校园空间被重新语境化与城市空间的意义重构的现象在某种意义上与民族主义的构成有相似之处。民族主义是"一种想象的政治共同体"，其实质是"特殊的文化的人造物"②，因为它的形成主要取决于以下因素：宗教信仰的领土化、古典王朝家族的衰微、时间观念的改变、资本主义与印刷术之间的交互作用、国家方言的发展等，它们的作用通过大众传播媒介体现出来。城市空间的场景构建与身体呈现，在一定意义上也是青年通过想象而实现的，所不同的是新媒介在其间发挥着至关重要的作用。校园空间的重新语境化、城市空间的场景构建，都是在青年的技术性观视中完成的，而这种带有明显技术倾向的视觉把握就是以最新发展的新媒介技术为基础的。正是在这种技术性观视中，城与人的关系突破了固定规则的桎梏而使青年以某

①　［英］奥斯歌伯：《青年亚文化与媒介》，载陶东风、胡疆峰主编：《亚文化读本》，北京大学出版社 2011 年版，第 343 页。
②　［美］安德森：《想象的共同体——民族主义的起源与散布》，吴叡人译，上海人民出版社 2005 年版。

种形式完成了对城市空间的意义表征。技术性观视所形成的镜头之眼，鼓励青年在想象中充分建构、利用城市空间这样的场景去实现意义的改造和身份的建构，这个过程可视作一种想象的自我授权。与费斯克的论断"亚文化群的快乐是授权的快乐"①略有不同的是，当代青年的"授权"并非意指意识形态之外的快乐来自于抵制/规避权力，而是一种表象的自我授权，即看似自主、自由、自在的自我授权实则是新媒介背后的利润追求所支配的。换言之，新媒介的利益诉求：广泛的使用人群、普遍的消费习惯、民主的解构力量，是新媒介生存、发展、壮大的决定性因素，而这些因素在现实环境中需要获得亚文化群，尤其是青年的拥护和支持，由此导致新媒介的民主力量和自由精神被巧妙地装扮为青年的"自我授权"，让青年利用新媒介在想象中实现对城市空间的场景化设计和界面化传播、共享。从这个意义上说，想象的自我授权不过是青年与商品、媒介的"合谋"，即商业媒介和提供"符号资源"给青年人，让他们理解他们的社会体验并建立社会身份。在商品消费中所体现的"符号创造"实践，既是青年积极的创造性行为，也是商业利润的原始冲动。这个过程被史蒂文·迈尔斯称作"相互剥削"（mutually exploitative），即青年人盗用、改变、在新的语境中重塑了媒介文本的意义，尽管总是在由商业利益限定的范围内进行的。"青年人能够运作的界线已经被大众媒介

---

① ［美］费斯克：《解读大众文化》，杨金强译，南京大学出版社 2001 年版，第 126 页。

规定好了，大众媒介的建构，不可避免地首先而且主要是用来满足销售杂志、节目及那些本质上是消费主义的生活方式的需要。"① 迈尔斯的观点鲜明地揭橥出青年与商品、媒介的合谋关系，也正是在这种关系中，当代青年的媒介想象与大众媒介的商业利益相互邀约、彼此验证，携手建构出媒介暗自得意、青年自觉另类、社会秩序和谐稳定的有意味的社会结构②。

① Steven Miles, *Youth Lifestyles in a Changing World*, Bukingham: Open University Press, 2000, p. 85.
② 严亚、董小玉：《规训与抵制：青年视觉形象重构》，《当代青年研究》2014 年第 2 期。

第五章

从青年媒介想象中探索高等教育发展
的现实路径

青年媒介想象实践映射出多元文化的复杂影响，引发学校、传媒和家庭的深刻思考。从学校角度分析，高等院校承担着教书育人的核心职责。但是从青年媒介想象行为来看，当代高等教育还存在着一些问题，值得教育工作者、家庭、社会大众深思。

一、媒介想象实践中的当代青年特点

从青年媒介想象实践来看，无论是符号游戏者，还是文化参与者和空间他者，都是他们自我表露、参与社会文化、追求快乐的具体体现。从社会发展的角度分析，这些具体体现是社会转型、信息化进程加快、多元文化融入等方面对青年所产生的积极影响。

同时必须看到，青年媒介想象中存在着消极、负面甚至低级的内容，这必须引起社会各界的高度关注。青年通过媒介想象来表达对参与社会生活的渴望，这表明他们已经意识到作为社会人所必须承担的社会责任，并且愿意成为社会主体的强烈愿望。但是，也应该看到，青年媒介想象实践存在着极端化与商业化倾向。如果任由这些倾向发展下去，青年的个人化、极端化、片面化主观感受将对其成长产生极为不利的影响。同时，从青年媒介想象实践来看，当代青年在社会转型过程中面对来自国内外纷繁复杂的多元文化冲击，他们认知方式、行为方式和价值观念呈现出冲突、对立的状态。如何正确地引导青年合理表达、正面诉求、勇于面对，是当代高等教育所亟需解决的任务。

（一）认知方式的理性与自觉

进入新媒体时代，青年在自我认知、自主意识、职业意识等方面得到较大提升，展现出理性从容、自觉自信的精神风貌。他们在学习、阅读、思考上更多表现出更多的主体创新性。首先，学习方式更加主动与便捷。在新媒体时代，信息传播技术的迅速发展与普及打破时空界限，大大丰富人际沟通的途径，师生间的沟通、交流实现了多元化、即时化、民主化。新媒介与移动互联网络的快速发展，使青年的学习行为更趋个人化、线上化、碎片化，界面化学习平台成为他们常用的途径。在课堂上，融合文字、图片、影像、声音的多媒体介质与互联网络的结合提升青年的学习效率和认知效果，紧贴大众文化、发散着时代气息的学习内容激发着他们的学习热情。在课堂外，青年与老师可通过手机短信、微信、QQ、微博、SNS 等即时通信工具和软件而实现即时的沟通，人际距离、时空距离因此而得以缩短，从而实现更好的沟通效果。值得关注的是，随着慕课（MOOC）为代表的新型课程形式的出现与盛行，以连通主义理论和网络化学习为基础的开放教育学让青年的学习过程更加理性、自主、便捷。其次，阅读方式更加可视和直观。新媒介时代的特征之一就是叙事图像化，所以当代社会也称为"读图时代"。读图时代的视觉媒体对文字媒体造成巨大威胁，受众接受层面的工具理性发挥着关键作用。青年的阅读习惯在读图时代也发生着极大的转变。他们更倾向于接受易得、易懂、给予快乐和快感的图像内容，对需要花费更多精力的深刻的、经典的阅读内容则接受困难。阅读习惯的变化产生主体性的差异。作为一种线性的、具有稳定结构的符号，文字语言具有明显的理性建构原则，所建构的主体是理性的、中心化的，图像符号则使主体建构去中心化、分散化和多元化。阅读习惯的改变，使青年更擅形象思维，但逻辑思维能力、思想深刻性、逻辑辨别力、追问本质的能力均受到影响。值得强调的是，在这种阅读方式及其主体特性的影响下，90 后青年更倾向于用可视符号来直观地表达其主体意识，自拍、Cosplay、快闪、涂鸦、跑酷等大众文化资源成为他们建构其主体性的重要途径。再次，思考方式更加成熟与多维。在信息爆炸时代里成长起来的 90 后青年，通过互联网络和移动互联网络接受的大量信息使其思想更为早熟，有自己独到的见解。在探讨问题时，他们的观点深刻、逻辑严密，同时善于表达。总体来讲，信息产业的高度发展和网络空间所提供的信息密集、交流自由、对话通畅的思想交流的途径，促使他们的思维方式呈现多维、发散式特征，参政议政意识和社会责任感明显增强。

（二）行为方式的主动与失范

在新媒体时代，青年在交往行为、生活行为、学业发展等方面均显现出明显的主体意识，但也出现一些失范现象。赛博空间提供的广泛信息与突破时空限制的交往方式有助于思维方式和价值观念的创新，让人们更快地适应时代的快速发展。正处于世界观、人生观、价值观定型期的青年在迅速变换的环境中思维更显活跃，比以往任何时期都更注重自我发展、自我实现、自我表露。尤其是通过自媒体的广泛运用，图文信息的即时性、共享性、自主性极大地提升青年的信息接收、加工和传播能力。青年的自我意识和对象意识在网络传播中都得到明显增强。新媒体对青年的日常生活也带来极大改变，生活细节、购物、娱乐等方面都出现一定程度的虚拟化，如"爆照"、网络购物、在线游戏和虚拟社交等。日常生活的虚拟化使青年对自身主体地位、主体能力和主体价值的认识都有所变化。面对学业的选择与追求时，当代青年已习惯采用自己的方式分析问题、敢于用自己的眼睛把握社会、勇于用自己的实践改变现状。进入新媒体时代，现实与虚拟相互渗透的社会交往实践和日常生活不断提升着青年的主体性，赋予其在高等教育活动中的主体地位。在即时、互动、开放的虚拟环境中，作为教育受众的青年在一定程度上拥有按其独特的价值标准对各种高等教育资源实现遴选与再建的决策权和自主权。然而，青年在新的信息环境中也面临着一些困惑，并出现了行为失范现象。在开放的赛博空间里，由于缺少有效的制度制约和足够的自律意识，部分青年在社会交往过程中容易受到不良资讯或负面信息的干扰，使其价值观念和理想信念受到不利影响，如网络暴力、轻信他人言论、随意充当网络"水军"等。同时，充斥于新媒体的功利主义、享乐主义、利己主义等消极思想让青年感到迷茫、困惑、彷徨，义与利、奉献与享受、学习与生活的权衡与抉择成为他们不得不面对的选择。如果无法得到正确解决，这些问题就可能导致青年价值取向、社会交往实践更趋自我中心化，出现过度自我和功利自私的价值观念和行为准则。从行为失范的视角反观，青年主体意识存在青年社会责任意识不足、人生目标和职业生涯规划不明晰、主人翁意识淡漠、主动性和竞争意识欠缺、创造能力和动手能力亟需提升等问题，这为高等教育工作提出了明确任务。

（三）价值观念的主流与多元

当代青年穿梭于现实与虚拟两种环境间，他们既要面对日常生活中的实际问题、实际矛盾，又要在更加激烈的社会竞争中面对不同的挑战与困惑，做出恰当的取舍和决定。同时，他们又遨游于虚拟世界中畅快地表达自我、尽情游戏、倾情交流。现实环境与虚拟环境紧密交织，青年的意识、观念、信仰经历着前所未有的冲击和影响。面对这些冲击和影响，青年能够正确地建立主体意识并充分发挥其积极作用，理性地认识分析和解决问题、自觉接受和内化社会主义核心价值体系、赞同社会主义荣辱观，并落实到社会实践中。他们也能够系统地学习和掌握马克思主义基本理论以及马克思主义中国化理论的最新成果，对中国特色社会主义伟大事业发展愿景充满信心。但是，受到现实生活和网络世界中多元西方文化思潮和价值观念的冲击，诸如西方鼓吹的"政治民主化""经济自由化""文化多元化"等思想，某些腐朽没落的价值观念对青年的影响不可低估。在这种价值多元、观念纷杂的复杂影响下，多元并存、传统与现代兼容成为青年群体必须面临的境况。他们在确立自己的人生观、世界观和价值观的过程中面对各种困惑、苦恼和迷惘，也经历着各种碰撞与融合。

二、人文素养缺失的高等教育现状

当代青年的认知方式、行为方式、价值观念已经发生很大变化，这在他们媒介形象自我建构中得到充分体现。在互联网络技术和当下"微"叙事结构以及城市空间隐喻的作用下，社会文化参与的欲望、娱乐话语对政治话语的挤压、商品利益的幕后操纵，询唤着青年媒介想象的欲望。他们自我建构的视觉文本引发父辈、社会、学校和媒体的高度关注，对其进行从日常生活，到人文素质、伦理道德等各方面的解读和评判，其实质是编码权的某种更迭。正是这种更迭，让当代青年逐渐提升对自身形象、角色、地位的主体性的控制。青年把握自身主体性的权力在增加，对其媒介想象的控制在增强。青年媒介想象实践越来越受到家庭、学校、大众传媒的重视，这反过来又进一步鼓励青年的自我建构行为。在这个过程中，出现了一些偏离社会规则、违背伦理道德的极端案例。"伪娘"、拍成人电影、过度消费、爆粗口、穿着暴露化、沉溺网络游戏、网络攻击等，投射出青年好坏、善恶、男女、美丑等标准之间界限的模糊与混淆。需要强调的是，青年主体性意识增强和自身形象建构能力提升，使得这种界限的模糊与混淆产生扩大趋势。从高等教育角度分析，各种界限的模糊与混淆源于批判精神的缺失与艺术精神的缺失，是正确的情感和价值理性的偏废。从这个意义上说，人文素养教育的缺失是高等教育面临的主要问题。

（一）高校内部设置与人文教育需求之间的不对称

从现实情况来看，人文素养教育的缺失在一定程度上来自于高校内部设置。具体来说，这个问题主要体现在以下几个方面：

首先，高校管理模式与院系资源整合之间的矛盾。目前，我国高等院校通常采用校、院、系的管理架构，并依据学科专业来设立学院与系。现代高等院校的学科知识架构由人文、社会、自然三个板块构成，进一步细分则成为学院和系的设置基础。从现代高等学校的资源配置分析，学院和系是获取这些资源的基本单位，由此构成院、系的利益格局。换言之，院、系就是相对独立的利益共同体，收入、科研课题、校企合作、单独创收等实际利益直接与各院、系挂钩。在此，二级学院之间的利益关系不是完全一致的，而是存在着一定程度的竞争关系。因为这种竞争关系，各院系之间出于各自利益考虑，要真正实现院系之间的资源整合还存在一定的难度。从这个意义上说，人文素养教育要在各学科专业之间真正实现资源共享，尚需时日。

其次，学科专业间彼此隔离、互不交涉。由于我国高等院校的知识架构源自西方文明，它早已内涵的文学、历史、哲学等领域的对立冲突不可避免地也影响到我国高等教育的发展。不仅如此，16 世纪以来西方自然科学在意识更新和社会革命中的巨大作用，使其在替代"神学"后而成为近现代知识谱系中的决定性力量。自然科学在知识整体体系中占据了绝对优势地位。与此同时，人们在征服世界的过程中把其作为冷冰冰的"客体"，而没有应有的愧疚感。人文学科也甘愿迎合自然科学，力图用自然科学提供的方法建构自身。然而人文学科知识不能像自然科学知识那样做到精确量化、客观中立，因此无法做到真正的科学化。"故久而久之，人文学科不仅在现代知识系统中排位最低，而且事实上已在全民心态中形成'无用''可有可无'的印象。"① 用"有用"来衡量，人文学科与自然学科之间的相对辩解、彼此攻讦就越来越盛。这样的情况在学校、学院，甚至系之间也广泛存在。由此，导致了院系、学科之间的裂隙，加重了文理之间的不信任、不理解。

再次，高校学科设置受到市场经济的不利影响。市场经济的发展对高校人文素养教育产生双重影响。它一方面为高等院校注

---

① 颜琪：《大学人文教育与人格塑造：困境与出路》，《上海师范大学学报（哲学社会科学版）》2014 年第 3 期。

入活力，使其办学基础更为牢靠；另一方面则使人文素养教育遭受外来思潮的剧烈冲击。从当前高等教育发展分析，市场经济的利益导向也渗透进入部分高校，导致高校办学的逐利趋向。有学者指出，"而这种种的竞争以利益的最大化为目的，一级学科的申报、博士点的设置、国家级试验基地的成立等等都隐藏着深刻的功利目的"[①]。从人文教育本身来讲，人文素养教育呈现出非直接性、非实用性、非生产性的特征。这与逐利趋向产生对立冲突。在高等教育潜在利益导向的影响下，人文素养教育被次要化、边缘化、去中心化，在个人和高校两个层面都受到人为的忽视。从个人角度分析，教育工作者轻视人文素养教育的作用和功能，没有真正意识到人文素养教育对青年全面发展和社会整体进步的促进意义，致使教育工作者脱离高等教育的内在诉求、弱化人文素养教育意识。从高校角度看，高等院校的功利追求有增强趋势，这极易导致对人文教育实践的轻视。无论是教育工作者个人层面，还是高等院校的组织层面，在教育价值取向与人文素养教育意识方面将高等教育的功利取向与人文教育实践价值置于重与轻、取与舍的境地，必然导致人文素养教育丧失应有的作用和功能。

（二）人文素养教育与专业技能培养的不均衡

按照内容划分，高等教育可以分为技术素养教育和人文素养教育。技术素养教育强调职业技能与业务技术，重视对客体的认知、分析、推理；人文素养教育重在人文精神的培养和提升，侧

---

① 廖梦园：《大学人文教育的现代性困境》，《教育学术月刊》2013 年第 10 期。

重形成正确的情感、态度和价值观。技术素养着眼于教育对象的工具理性，人文素养极其重视价值理性。与此相关，技术素养关注真、思辨、因果、是非、外部世界，而人文素养则强调善、情感、得失、好坏、精神世界。总体来说，技术素养强调工作技能，而人文素养则更关注人的发展。当下的人文素养是针对技术主义和工具理性而言的，也是相对拜金主义、功利意识、信仰危机等重"物"轻"人"的社会弊端提出来的，而当代教育中的人文素养强调关于有关人生的理想、信仰、价值的精神。从现实情况来看，我国高等教育仍存在重专业技能培养、轻人文素养提升的情况。"今天大学的一些根本问题，如缺乏教育理想、本科教育空洞化、基本没有道德和修身教育……，而是全球大学的'流行病'。"① 从青年媒介形象自我建构实践来看，青年利用互联网络技术带来的新技术手段和新技术装置实现内心表达和把握外部世界的同时，其中所反映出的人文情怀缺失、过度关注自我、伦理观念淡漠等问题更需要从人文素养教育角度进行思考。这个问题反映出人文素养教育与专业技能培养之间的不均衡问题，是西方社会的工具理性思维的直接体现。发端于西方工业社会的工具理性，对我国高等高等教育领域造成较大影响，消解着高等院校伦理道德的内涵。随着工业化进程的迅速推进，实证主义哲学理念让工具理性的影响力不断扩大。在这种情况下，人的价值理性被

---

① 张汝伦：《大学之道和现代大学教育的缺失——我读〈大学一解〉》，《文汇报》2007 年 12 月 2 日。

逐渐吞噬。高等教育的工具价值得到过度提升，"完整的人"的价值理性被人为弱化。由此造成的后果是，长期以来，高等教育发展强调专业知识与专业技能的形成，弱化人本思想、人文精神的力量与作用。高等教育的本质不在于要求青年通晓一门学科，而在于要开启人的心智、振奋人的精神，帮助青年形成人学习某一门学科的本能。单纯的技术型人才不适应社会发展的弊端逐渐显现，其外在因素为高等教育理念多元化、对外开放导致人才观的深入发展，内在因素是青年已习惯于传统的教育方式、缺失独立思考意识、缺少创新意识。这样的教育环境阻碍了青年人文思想与创新意识的发展，致使青年独立思考能力削弱。

过去很长一段时间里，我国高等教育倡导专业知识导向的教育理念，引导学生形成专而精的专业技能体系，侧重于学科专业内容的研究和掌握。从现代化、科学化的高等教育要求来看，这种教育理念已被事实证明存在一定的片面性，容易造成青年狭隘、短浅、单一的专业技术思维，也不适合现代高校追求的"求实创新、追逐卓越"等理念。显然，真正意义上的"求实创新，追逐卓越"并非是专业技能的简单形成与积累，其内涵是科学教育与人文教育的包容并蓄。从 20 世纪 90 年代开始，我国高等教育开始探索人文素养教育创新的明确路径，它的逻辑起点是科学发展观与以人为本的全面发展理念的建立。到目前为止，剑桥大学、哈佛大学、耶鲁大学和清华大学、北京大学等国内外一流高校已积极摸索出一些文理交融、人文素养和科学素养融会贯通的经验。这些经验从结果证明专业知识与人文精神并非正与偏，而是相互渗透、彼此支撑的关系。

三、加强人文素养高等教育的现实路径

（一）遵循客观规律，合理调整人文素养教育重点

对教育规律来说，高校人文素养教育应被理解为人文精神的培养过程。从构成维度分析，人文精神包括批判精神、艺术精神、科学精神。从青年媒介形象自我建构实践反映出前两个维度是当代青年最为缺失的方面，论述也仅针对它们展开。因此，将批判精神与艺术精神的培养作为高校人文素养教育调整的重点，就有了逻辑基础和现实基础。首先，批判精神的培养。批判精神是人文精神最核心的内容，同时也是高校人文素养教育最为缺少的部分。以主动介入为特征，批判精神包括自省和批判两个方面。自省是对自我生存方式、价值和信念进行批判性的审视，进而反思自己的生活信念和实践理想的合理性。批判强调合理、健康的推理、辩论和反思精神，鼓励对权威和既定秩序的适当质疑，倡导对社会公正和公民良心的守护。引导青年用批判精神的内涵审视青年媒介想象实践，能够帮助他们做出合理的判断和正确的取舍。当代青年并非是愚昧、消极的社会教化客体，他们以日常生活叙事为内容、以新媒介为手段、以城市为空间载体，询唤着超现实、去政治化、自我主体化的媒介想象。网络媒介中盛行的自拍文化、恶搞文化、迷文化、搜索文化、黑客文化、御宅族文化、游戏文

化、同人女文化、Cosplay 文化为当代青年媒介想象提供了前所未有的契机和平台。同时，必须冷静看到的是，这样的青年亚文化中包含着部分不健康的、颓废的、违反社会规范的思想观念和实践做法。如恶搞文化、黑客文化、同人女文化中包含抵制社会规则和既定秩序的内容。青年如果不理性判断、准确甄别，就有可能在这些文化的潜移默化中丧失批判立场而亦步亦趋。对外来、时尚文化现象的理性判断和冷静反思，能够帮助青年把握合适的度，从而在享受文化成果时去其糟粕、取其精华。其次，艺术精神的培养。艺术精神与批判精神构成人文精神的核心内容。如果说批判精神强调反思与质疑，那么艺术精神则更关注想象力和创造力的问题。艺术精神培养是一种纯粹的意识活动、情感活动。它超越社会生活现实和个人感官感受，追求高尚的人格和自由的精神世界。更为重要的是，艺术精神培养能够培养学生的同情心。对此，王国维把知育、美育、德育视作完整教育的三个有机组成部分。青年在媒介想象中最为关注的 Cosplay、摇滚乐、动漫、涂鸦、恶搞、快闪、拍客等时尚现象，迫切需要青年运用艺术精神来实现美的追求。这些时尚现象能够给青年提供新潮、前卫、另类的心理感受，能带给他们时尚领先者的成就感，但在一定程度上也模糊了美与新的区别。自媒体中共享的身体部位裸露、模仿性爱姿势的毕业照、对社会秩序造成一定影响的快闪活动等等，反映出艺术素养的欠缺。此外，过度自我造成的同情心缺失现象也值得人们深思。

从现实情况来看，专业技能素养与人文素养二者的融合成为人文素养教育调整的有效路径。首先，对融合专业技能素养的高校人文素养课程进行精细化设计，形成规范化、生活化、艺术化的设计特点。构建融合专业技能素养的高校人文素养课程库，从课程群、教学模式、师资队伍、学习要求等方面实现规范化、生活化、艺术化的设计特点。其次，把公共通选课与融合专业技能素养的人文素养课程统一设计，提升现实操作的可能性。国内高校的一些做法为合理调整人文素养教育内容体系提供了参考和借鉴。耶鲁大学设计了一系列的人文经典学科课程来为某领域的专业人士开启更广泛的心智、形成更全面的见解。如古典文学主题，就设计了以修辞学、道德、哲学以及英语语法、希腊文、拉丁文、历史及其经典著作为主的课程体系。不仅如此，耶鲁大学还鼓励利用互联网络选修部分开放课程。哈佛大学在人文素养教育方面以"核心课程"模式闻名。哈佛大学在"全人"理念指引下设计的"核心课程"模式，要求每一位学生必修《文学名篇导读》《西方思想及其组织架构》等课程，还做出必须选修任一门生物学或者物理学课程的规定。以该校的核心课程为例，其数量达到七大类，其中除了《科学》《定量推理》两类被归属到自然科学领域外，其他五大类均属人文社科领域。其比例占到所有课程的近五分之四，其具体数量约为 150 门。此外，麻省理工学院、斯坦福大学、圣约翰学院等知名高校均在专业技能素养和人文素养融合方面形成极具特色的经验。对此，一些思路或许有益这个问题的深入思考：其一，挖掘现有课程的潜力，扩展融合专业技能素养的人文素养课程设计思路，把"两课"延伸到文史哲领域，设计出社会分析、历史与学问、文化与艺术等课程。其二，适当减少英语、计算机这类公共必修课程课时和学分，同时增加文学、艺术等母语课程数量和学分。

（二）创新人文教育实践，拓宽人文素养教育实施路径

从意识形态角度分析，人文素养教育属于人的意识形态范畴。哲学理论强调人的思想观念、价值观念及社会经验归根到底来自于人的社会实践活动，社会实践是意识形态形成的根本条件。根据这一哲学思想，人文素质教育实施路径应落脚于教育实践层面，注重运用特定教育工具、手段启发人的智慧、思维。人文素质教育，重在教育活动的自我践行，而非单向度的理论说教。从这个意义上说，引导学生在人文教育实践过程中发挥主观能动性，主动理解、内化、践行人文教育内容，并主动、积极地参加社会实践。由此，提升青年的人文素质，应从创新人文教育实践着手，丰富人文教育实践内容和形式，扩宽人文素质教育实施路径。首先，日常生活与学习是青年加强人文素养教育教育的主阵地。从专业学习、日常生活、职场工作，到人际关系以及个人感情，都能实现全方位、全天候的人文素养教育。凭借日常管理让青年客观、冷静地认识自我，逐渐建立起正确的世界观、人生观和价值观。利用节假日实施各类社会实践活动，动员学生广泛参与，这是让他们主动、深入地认识社会和社会文化的重要形式，更是达成成长、成人、成才三大目标的理想形式，同时也是实现自我管理、提升自主和自制能力的基本途径。充分利用寒假和暑假期间的"三下乡"社会实践活动，鼓励青年深入农村基层策划、实施、

评估各种形式的实践活动，让他们在这些活动过程中亲身感群众所感、受群众所受，零距离理解基层百姓的物质、文化需求，把所学、所能、所长服务于农村，以此培养、强化青年的服务意识、责任意识与沟通能力、组织能力、社交能力。其次，充分利用新媒介开展人文素养教育。为当代青年自我建构媒介形象提供了无与伦比的话语空间和技术载体。传统媒体尽管仍然在人文素养教育方面发挥着重要作用，但当代青年的媒体接触习惯已转向新媒体。不仅如此，"在政治议程和议题通常只出现在那些面孔严肃的话语空间的同时，娱乐导向的视觉性内容在持续不断地扩张。"① 政治议题及其空间的紧缩与娱乐话语及其内容的扩张之间呈现出紧张关系，表明前者亟需借用娱乐话语的形式以及部分内容为思想政治工作服务。微信、微博、SNS、论坛、贴吧、QQ 产品群、网页等强调互动性和娱乐性的新兴媒介都能作为高校对青年开展人文素养教育活动的有效介质。在此，利用娱乐话语与新媒体的结合来设置人文素养教育议题、坚定价值信念、强化社会主义核心价值观成为高校拓展人文素养教育实施路径的有效办法。

(三) 践行以人为本理念，平衡教育主体与教育客体间的关系

立足人文教育缺失的根本原因，无论是"技术主导与人本思想"强弱对立，还是"利益导向与人文教育"的轻重冲突，其本质问题在于高校教育理念和教育价值取向的模糊。人文素养教育的缺失，源头在于高等院校办学的理解误区和实践偏差。解决高

---

① 周宪：《当代视觉文化与公民的视觉建构》，《文艺研究》2012 年第 12 期。

等教育中人文素养缺失问题的关键，在于解决办学主体的理念更新。对此，加强高等教育中的人文素养，首要问题是要实现高等学校人文教育理念的转变，协调教育主客体作用关系，践行以人为本的教育理念，将人本思想提至合理的地位。作为科学发展观的核心理念，"以人为本"应成为高等院校人文素养教育的关键原则。对于高校来说，"以人为本"主要体现为"以生为本"，其工作理念要求人文素养教育从关心学生、尊重学生、了解学生、关爱学生入手。从表象分析，青年媒介想象看似叛逆、自为，因而贸然采取"规训"式的教化甚至训斥做法，必然加剧他们的对抗情绪而使人文素养教育陷入停滞。而从"以生为本"的工作理念出发，深入洞悉青年媒介形象自我建构的动因，获知其参与社会生活、避免边缘化的自我主体性建构渴望，从而在具体教育实践中提供更多的参与机会、表达契机。同时，参与意指平等、民主，简单、表面的人文素养教育方法已不合时宜，选择青年乐于接受、勇于直面、喜于参与的人文教育内容才是"以生为本"理念的体现。正确认识到人本教育思想在培养人文素养中的作用和功能，还在于实现教育主体与教育客体的统一，以推进人文素质教育与专业知识的协调与融合。青年媒介想象行为，其真实目的在于建构自身主体性以获得社会、父辈、舆论的认同和平等对待。究其本质，这种现象是青年对自身地位和作用被定型化的不满和抗争。面对这种诉求，高校人文素养教育需要调整工作方式，从权威式教育方式转向平等协商。在以往做法里，人文素养教育中或多或少存在以上对下的等级观念，权威命令式的教育方法导致青年的内心抵触和行为偏离。青年在媒介想象中体现出来的参与和平等意识，更强调平等协商工作方法的运用，它是"以生为本"工作理念的实际体现。平等协商方式要求人文素养教育工作者放弃主客体二分结构，而采用"主体间性"观点，即主体与主体之间的平等关系来实现平等对话机制。平等协商方法的实施，要求高校人文素养教育工作首先向情理交融转变。情感教育，意味着把学生当作有思想、有情感的沟通主体，通过充满人本气息的教育方式触及青年的内心深处。其次，平等协商工作方法要求信息交流从单向灌输转变为互动沟通。在主体性要求日益凸显的今天，灌输式信息传递已使青年产生厌倦，而体现主体性地位的双向沟通则使他们也成为人文素养教育工作的主体之一，工作效果将得到极大保证。

（四）着力提升媒介素养，有意识地推进人文教育与媒介素养的融合

媒介素养主要体现为甄别媒介内容、理性批判和正确使用媒介的能力。凭借一定的媒介素养，青年在认知方式、行为方式和价值判断上将更为自觉，因此它与人文素养教育的有机融合将大大提升工作效率、优化效果。首先，发挥人文素养教育的优势，引领媒介素养教育走向正轨。培养关于媒介方面的素养不仅是技术问题，更是涉及意识形态和价值观念的问题，因此以培养青年独立思考精神和公共参与意识为责任的媒介素养教育必须坚持以坚持以马列主义、毛泽东思想、邓小平理论和"三个代表"重要思想为指导，以树立正确世界观、人生观和价值观与弘扬民族精神、形成良好的公民道德和人文素质作为任务，方能培养出具有

正确信念和意识的媒介生产者、传播者、利用者。为实现这个任务，高校就应把媒介素养教育纳入到青年人文素养教育的价值体系中，使高校人文教育的内容体系成为媒介素养教育的信念保证和理论来源。对此，高等院校可把有关媒介素养的相关课程加入到青年人文教育体系中，教授媒介素养的专业教师首先应拥有厚重的人文素养底蕴和较高的理论水平，必须准确地判断、把握教育方向，科学地引导青年在正确地辨别媒介内容、正确地批判和使用媒介的基础上正确地发挥主体意识。其次，发挥媒介素养教育优势，提升高校人文教育效能。一方面，媒介素养教育内容是前提和基础。人文教育育人形式的创新，关键在于践行学生在教学过程中主体地位的教学理念。作为人文素养教育的主体，青年主动地、积极地、内驱地参与是增强高校人文教育效果的前提和基础。随着教育与新媒介的结合日趋紧密，高校人文素养教育的媒介手段越来越先进和丰富，唯有形成熟练的媒介运用技术，青年才能高效地参与到人文素养教育的互动过程中。在这样的教育逻辑中，人文素养教育的质量、效果才能得到保证和优化。另一方面，媒介素养教育的过程和功能是强化和保证。媒介素养教育强调知识授予向核心能力的转化，而这个过程本身就包含强大的人文教育功能。媒介素养教育拥有提升青年的媒介内容辨别力、媒介理解力和批判力以及使用能力的功能，能够帮助青年充分发挥主体意识的积极作用、净化信息传播环境，提升高校人文教育工作的效能。

主要参考文献

一、中文部分（按作者姓氏拼音顺序排列）

1. 著作类

［美］阿什德：《传播生态学：控制的文化范式》，华夏出版社 2003 年版。

［美］埃里克森：《同一性：青少年与危机》，孙名之译，浙江教育出版社 1998 年版。

［美］安德森：《想象的共同体——民族主义的起源与散布》，吴叡人译，上海人民出版社 2005 年版。

［英］奥斯歌伯：《青年亚文化与媒介》，载陶东风、胡疆峰主编：《亚文化读本》，北京大学出版社 2011 年版。

［匈］巴拉兹：《电影美学》，中国电影出版社 1979 年版。

［英］班尼特、哈里斯编：《亚文化之后：对于青年文化的批判研究》，中国青年政治学院青年文化译介小组译，中国青年出版社 2012 年版。

［波］鲍曼：《流动的现代性》，欧阳景根译，上海三联书店年 2002 年版。

〔法〕波德里亚：《消费社会》，刘成富、全志钢译，南京大学出版社 2000 年版。

〔英〕伯格：《观看之道》，戴行钺译，广西师范大学出版社 2005 年版。

〔美〕波斯特：《第二媒介时代》，范静哗译，南京大学出版社 2000 年版。

〔美〕波斯特：《信息方式》，范静哗译，商务印书馆 2000 年版。

〔法〕布尔迪厄：《艺术的法则——文本场的生成和结构》，刘晖译，中央编译出版社 2001 年版。

〔加〕布雷克：《越轨青年文化比较》，岳西、张谦等译，北京理工大学出版社 1989 年版。

〔英〕查德威克：《互联网政治学——国家、公民与新传播技术》，任孟山译，华夏出版社 2010 年版，第 3 页。

陈卫星：《城市的欲望与底层的想象》，载赵汀阳编：《年度学术（2006）——农村与城市》，中国人民大学出版社 2006 年版。

陈晓宁主编：《广播电视新媒体政策法规研究》，中国法制出版社 2001 年版。

〔英〕道格拉斯：《纯粹与危险》，黄建波、柳博赟、卢忱译，民族出版社 2008 年版。

〔英〕恩特维斯特尔：《时髦的身体：时尚、衣着和现代社会理论》，邵宝元等译，广西师范大学出版社 2005 年版。

〔美〕法拉尔：《迪厅"超文化"：中国迪厅对异域之性的消费》，载陶东风、胡疆锋主编：《亚文化读本》，北京大学出版社

2011 年版。

　　[英] 费瑟斯通：《消费文化与后现代主义》，刘精明译，译林出版社 2000 年版。

　　[美] 费斯克：《解读大众文化》，杨金强译，南京大学出版社 2001 年版。

　　[美] 费斯克：《理解大众文化》，王晓珏、宋伟杰译，中央编译出版社 2001 年版。

　　[美] 费斯克：《关键概念：传播与文化研究词典》（第二版），李彬译，新华出版社 2004 年版。

　　[法] 福柯：《惩罚与规训》，刘北成、杨远缨译，生活·读书·新知三联书店 2007 年版。

　　郭庆光：《传播学教程》，中国人民大学出版社 1999 年版。

　　[美] 赫伯迪格：《亚文化风格的意义》，陆道夫、胡疆峰译，北京大学出版社 2009 年版。

　　胡易容、赵毅衡：《符号学－传媒学词典》，南京大学出版社 2012 年版。

　　[英] 霍尔：《表征——文化表现与意指实践》，徐亮、陆兴华译，商务印书馆 2003 年版。

　　[美] 霍米·巴巴：《他者的问题：刻板印象和殖民话语》，载罗岗、顾铮主编：《视觉文化读本》，广西师范大学出版社 2003 年版。

　　[美] 吉特林：《新左派运动的媒介镜像》，华夏出版社 2001 年版。

　　蒋原伦：《媒体文化与消费时代》，中央编译出版社 2004 年版。

［美］凯尔纳：《媒体奇观》，史安斌译，清华大学出版社2003 年版。

［美］坎贝尔：《求新的渴望》，载罗钢、王中枕译：《消费文化读本》，中国社会科学出版社2003 年版。

［美］克兰：《文化生产：媒体与都市艺术》，赵国新译，译林出版社2001 年版。

［美］莱文森：《新新媒介》，何道宽译，复旦大学出版社2011 年版。

［美］李普曼：《公众舆论》，上海世纪出版集团2006 年版。

李翔宁：《想象与真实：当代城市理论的多重视角》，中国电力出版社2008 年版。

［法］麦茨：《想象的能指：精神分析与电影》，王志敏译，中国广播电视出版社2006 年版。

陆扬、王毅：《大众文化与传媒》，上海三联书店2000 年版。

栾轶玫：《媒介形象学导论》，中国传媒大学出版社2007 年版。

罗岗、顾铮主编：《视觉文化读本》，广西师范大学出版社2003 年版。

马中红、邱天娇：《COSPLAY：戏剧化的青春》，苏州大学出版社2012 年版。

［美］麦克切斯尼：《富媒体 穷民主：不确定时代的传播政治》，新华出版社2004 年版。

［英］麦奎尔、［瑞典］温德尔：《大众传播模式论》，上海译文出版社2007 年版。

［美］梅罗维茨：《消失的地域——电子媒介对社会行为的影响》，清华大学出版社 2002 年版。

［美］米歇尔：《图像理论》，陈永国、胡文征译，北京大学出版社 2006 年版。

［加］莫斯可：《传播政治经济学》，华夏出版社 2000 年版。

［英］穆尔维：《视觉快感与叙事电影：凝视的快感》，吴琼编，中国人民大学出版社 2005 年版。

［美］桑顿：《亚文化资本的社会逻辑》，载陶东风、胡疆峰主编：《亚文化读本》，北京大学出版社 2011 年版。

［美］赛佛林、坦卡德：《传播理论——起源、方法与应用（第五版)》，郭镇之、徐培喜等译，中国传媒大学出版社 2006 年版。

［英］史蒂文森：《认识媒介文化》，王文斌译，商务印书馆 2001 年版。

［美］斯特肯、卡特赖特：《看的实践：形象、权力和政治》，载周宪编：《视觉文化读本》，周韵译，南京大学出版社 2013 年版。

孙绍谊：《想象的城市——文学、电影和视觉上海（1927—1937)》，复旦大学出版社 2009 年版。

［美］索亚：《第三空间——去往洛杉矶和其他真实和想象地方的旅程》，陆扬译，上海教育出版社 2001 年版。

［美］索亚：《后大都市——城市和区域的批判性研究》，李均等译，上海教育出版社 2006 年版。

［美］索亚：《关于后都市的六种话语》，载汪民安等主编：《城市文化读本》，北京大学出版社 2008 年版。

［法］塔尔德：《传播与社会影响》，何道宽译，中国人民大学出版社 2005 年版。

陶东风：《文化研究》（第一辑），天津社会科学院出版社 2000 年版。

［英］泰勒、威利斯：《媒介研究：文本、机构与受众》，吴靖、黄佩译，北京大学出版社 2005 年版。

［英］汤林森：《文化帝国主义》，冯建三译，上海人民出版社 1999 年版。

童兵：《理论新闻传播学导论》，中国人民大学出版社 2000 年版。

汪民安主编：《文化研究关键词》，江苏人民出版社 2007 年版。

王祖爵：《阅读奥林匹克（艺术卷)》，江西美术出版社 2007 年版。

［美］魏特罕：《空间地图：从但丁的空间到网路的空间》，薛绚译，台湾商务印书馆 1999 年版。

［英］威廉斯：《文化与社会：1780—1950》，高晓玲译，吉林出版集团有限责任公司 2011 年版。

宣宝剑：《媒介形象》，中国传媒大学出版社 2009 年版。

曾一果：《恶搞：反叛与颠覆》，苏州大学出版社 2012 年版。

曾一果：《想象城市：改革开放 30 年来大众媒介的"城市叙事"》，中国书籍出版社 2011 年版。

张国良主编：《20 世纪传播学经典文本》，复旦大学出版社 2003 年版。

张慧瑜：《视觉现代性——20 世纪中国的主体呈现》，人民出版社 2012 年版。

周宪：《视觉文化的转向》，北京大学出版社 2008 年版。

周宪：《视觉文化读本》，南京大学出版社 2013 年版。

2. 学位论文类（按作者姓氏拼音顺序排列）

陈径舟：《我国青年创业者媒介形象实证研究》，硕士学位论文，中国青年政治学院，2013。

谷月娟：《后媒介时代的公共领域研究》，硕士学位论文，北京邮电大学，2006。

郝香：《女青年媒介形象对比分析》，硕士学位论文，兰州大学，2011。

郝向宏：《青年村官形象的建构与媒体传播》，博士学位论文，武汉大学，2012。

洪慧晨：《青年就业形象的媒介呈现》，硕士学位论文，安徽大学，2012。

霍毅斌：《中国共产党执政以来思想政治工作基本经验研究》，博士学位论文，中共中央党校，2008。

李红革：《高校学生思想政治工作思维模式研究》，博士学位论文，华中师范大学，2012。

李敏：《〈中国青年报〉青年创业者媒介形象研究》，硕士学位论文，南京师范大学，2012。

施小冬：《媒介视域与乡村视域中的青年"村官"形象研究》，硕士学位论文，南京师范大学，2011。

万小广：《转型期"农民工"群体媒介再现的社会史研究》，博士学位论文，中国社会科学院，2013。

王朋进：《组织的媒介形象：认知规律和影响因素分析的理论框架》，博士学位论文，中国人民大学，2008。

吴娟：《未被"规训"的呐喊——中国网络数字短片中的青年影像话语研究》，硕士学位论文，福建师范大学，2009。

奚建莹：《我国网络媒体新闻报道中的女青年形象研究》，硕士学位论文，上海外国语大学，2008。

向喆：《〈中国教育报〉80—90后青年报道及变化分析》，硕士学位论文，广西大学，2011。

宣宝剑：《媒介形象系统论》，博士学位论文，中国传媒大学，2008。

3. 期刊类（按作者姓氏拼音顺序排列）

陈志军：《国内跑酷运动的特点与发展前景初探》，《当代体育科技》2013年第29期。

董金权、姚成：《媒体对青年形象的建构：议题框限与传媒歧视——对近12年来3651份新闻报道样本的内容分析》，《中国青年研究》2012年第4期。

董天策、昌道励：《数字短片的青年亚文化特征解读——以优酷网和56网的原创数字短片为例》，《中国地质大学学报（社会科学版）》2011年第6期。

董天策、罗小玲：《网络媒体对女青年的形象建构研究》，

《西南民族大学学报（人文社会科学版）》2011 年第 9 期。

董小玉、严亚：《生产与合谋：当代青年的视觉文本转换》，《南京社会科学》2014 年第 10 期。

郭婷：《女青年的媒介形象塑造误区及对策》，《新闻世界》2010 年第 8 期。

侯迎忠、罗利娜：《主流媒体青年形象塑造的实证研究——基于〈中国青年报〉、〈广州日报〉、〈羊城晚报〉的内容分析》，《今传媒》2010 年第 2 期。

胡疆锋：《中国当代青年亚文化：表征与透视》，《文化研究》2013 年第 3 期。

胡翼青、汪睿：《新闻专业主义批判：一种传播政治经济学的视角》，《现代传播》2013 年第 10 期。

胡占君、冯凡彦：《当代青年群体价值观状况调查与分析》，《思想教育研究》2013 年第 7 期。

黄耿华、莫家豪：《"后精英"的社会印象：当代青年对阶层分化及社会机会的主观认知》，《浙江大学学报（人文社会科学版）》2013 年第 4 期。

黄英：《"光棍节"现象解读》，《中国青年研究》2014 年第 8 期。

［英］霍尔：《文化研究：两种范式》，孟登迎译，《文化研究》2013 年第 3 期。

蒋原伦：《一切新文化都是青年亚文化》，《读书》2012 年第 10 期。

匡文波：《"新媒体"概念辨析》，《国际新闻界》2008 年第 6 期。

李丛、刘莎：《网络语言之发展阶段：从符号、数字、字母到文化词》，《辽宁师范大学学报（社会科学版）》2014 年第 2 期。

廖梦园：《大学人文教育的现代性困境》，《教育学术月刊》2013 年第 10 期。

吝莹莹、匡国媛：《中国青年行为艺术透视》，《青年研究》2008 年第 5 期。

刘建军：《论思想政治工作的十八个转变》，《思想政治教育研究》2010 年第 4 期。

陆扬：《从亚文化到后亚文化研究》，《辽宁大学学报（哲学社会科学版）》2012 年第 1 期。

栾轶玫：《后媒介时代：媒体的结构性机遇》，《新闻与写作》2013 年第 11 期。

栾轶玫：《媒介形象的研究现状及重新定义》，《今传媒》2006 年第 9 期。

陆道夫：《试论约翰·费斯克的媒介文本理论》，《南京社会科学》2008 年第 12 期。

陆玉林：《现代性境域中青年问题的理路》，《中国青年政治学院学报》2012 年第 5 期。

马中红：《2012 年中国青年亚文化研究论略》，《青年探索》2013 年第 6 期。

麦尚文：《新时期中国典型人物"媒介形象"的变迁与突破》，《新闻大学》2006 年第 2 期。

彭巧胤：《当代青年眼中的青年一代》，《中国青年研究》

2013 年第 10 期。

　　潘知常、林玮、曾艳艳：《结构主义－符号学的阐释：传媒作为文本世界——西方传媒批判理论研究札记》，《东南大学学报（哲学社会科学版）》2004 年第 3 期。

　　齐绍彧、何宏俭、耿学刚：《论青年挫折的形成原因与应对策略》，《内蒙古民族大学学报（社会科学版）》2004 年第 2 期。

　　沈小风：《从成人电影到网络热词——一种青年亚文化现象解读》，《青年探索》2013 年第 2 期。

　　孙黎：《青年亚文化视角下的网络字幕组文化》，《编辑之友》2012 年第 4 期。

　　陶建钟：《"都市快闪"：游戏还是责任》，《中国青年研究》2005 年第 4 期。

　　王彬：《独自等待——当代大陆青春成长电影的表述策略》，《中国青年研究》2010 年第 5 期。

　　王列生：《时尚思潮：从身份追逐到身体生产》，《文艺研究》2013 年第 11 期。

　　王培、曾凡：《网络色情与性教育影响青年的对比分析》，《中国性科学》2009 年第 3 期。

　　王朋进：《"媒介形象"研究的理论背景、历史脉络和发展趋势》，《国际新闻界》2010 年第 6 期。

　　王润斌、徐波：《论跑酷运动及其文化性格》，《体育学刊》2010 年第 2 期。

　　汪玉柱、舒友亚：《后现代主义语境中的主体身份危机》，

《河北经贸大学学报（综合版）》2010 年第 1 期。

吴予敏：《论媒介形象及其生产特征》，《国际新闻界》2007年第 11 期。

肖荣春、白金龙：《移动的自留地：知识青年、新媒介赋权、场景生产与媒介素养——以青年的新媒介使用实践为观察》，《新闻与传播研究》2011 年第 1 期。

许加彪、韩青：《文化霸权视阈下女性形象的媒介建构——以20 世纪 90 年代以来内地热播女性本土剧为例》，《陕西师范大学学报（哲学社会科学版）》2012 年第 6 期。

徐智鹏、吕鹏慷：《制作模式、媒介定位：网络影像的呈现空间与疆界》，《当代电影》2008 年第 2 期。

宣宝剑：《媒介形象内涵》，《中国广播电视学刊》2008 年第 3 期。

严亚、董小玉：《规训与抵制：青年视觉形象重构》，《当代青年研究》2014 年第 2 期。

严亚、董小玉、谢峰：《从漫游者到媒介漫游者——城市的观看之道》，《城市规划》2014 年第 4 期。

严亚：《视觉时代的主体性身份建构与品牌象征》，《中南大学学报（社会科学版）》2012 年第 6 期。

杨继绳、张弘：《正在固化的社会阶层》，《社会科学论坛》2011 年第 12 期。

叶兵、蒋兆雷：《女青年媒介形象丑化调查与研究》，《北京政治青年学院学报》2007 年第 4 期。

于建嵘：《底层知识青年将改变中国》，《瞭望新闻周刊》

2010 年第 4 期。

　　曾一果、李立：《超文本奇观与符号游戏——对新媒体青年恶搞文化的媒介文本研究》，《浙江传媒学院学报》2013 年第 2 期。

　　张蓓、蒋建梅：《三十年来中国女青年的形象变迁——以媒介形象变迁为视角》，《南京政治学院学报》2013 年第 5 期。

　　张成良、高家林、李静：《青年媒体形象建构的嬗变——以框架理论的观点》，《新闻界》2008 年第 5 期。

　　张洪东：《青少年极限运动亚文化探析》，《体育与科学》2013 年第 4 期。

　　张媛：《模糊的"他者"：非民族地区的少数民族媒介形象再现——基于《北京日报》少数民族报道的分析（1979－2010）》，《浙江传媒学院学报》2013 年第 1 期。

　　张志刚、汪蓓蓓：《论媒体对女青年形象的误读》，《青年研究》2013 年第 4 期。

　　张志刚、汪蓓蓓：《社会性别视角下的女青年媒介形象分析》，《文化学刊》2013 年第 2 期。

　　赵海波：《我国运动会开幕式发展探骊》，《体育文化导刊》2010 年第 5 期。

　　征鹏、浦颖娟、孙艳：《网络青年亚文化类型特点与传播路径调查报告》，《中国广告》2009 年第 7 期。

　　郑智斌：《性别的媒介形象对比研究——以电视广告为视角》，《现代传播》2002 年第 4 期。

　　郑湘萍、简娜：《青年媒介想象与议程设置——以新浪新闻搜索为例》，《社科纵横》2014 年第 7 期。

周宪：《当代视觉文化与公民的视觉建构》，《文艺研究》2012 年第 12 期。

4. 论文集类（按作者姓氏拼音顺序排列）

高焕静：《差异的表征：少数民族媒介形象的符号学解读》，载《中国传媒大学第六届全国新闻学与传播学博士生学术研讨会论文集》，中国传媒大学 2012 年版。

黄若涛：《后媒介时代的传播特点分析》，载《第九届全国体育科学大学论文摘要汇编（4）》，2011。

易红发、肖明、周楠：《青年微博的自我表露与自我期望形象研究——基于印象管理论的 SEM 实证研究》，载《传播与中国·复旦论坛（2013）——网络化关系：新传播与当下中国论文集》，复旦大学 2013 年版。

5. 报纸类（按作者姓氏拼音顺序排列）

朱志勇：《从"电视人"到"手机人"，我们的后媒介生活》，《光明日报》2014 年 5 月 10 日。

马中红：《从亚文化到后亚文化——西方青年亚文化研究理论范式的流变》，《中国社会科学报》2010 年 11 月 16 日。

张汝伦：《大学之道和现代大学教育的缺失——我读〈大学一解〉》，《文汇报》2007 年 12 月 2 日。

二、外文类（按作者姓氏字母顺序排列）

A. Al – Kahtani, *The Post September* 11 *Portrayal of Arabs, Islam and Muslims in the Washington Post and The New York Times: A Comparative Content Analysis Study*, Washington DC, Doctoral Dissertation of Howard University, 2002.

Andy Bennett, Keith Kahn – Harris, ed. , *After Subculture: Critical Studies in Contemporary Youth Culture*, New York: Palgrave Macmillan, 2004.

David Muggleton, Rupert Weinziel, eds. , *The Post – subcultures Reader*, Oxford & New York: Berg Publishers, 2003.

Dick Hebdige, *Hiding in the Light: On Images and Things*, London: Routledge, 1988.

Dick Hebdige, *Subculture: The Meaning of Style*, London: Methuen Press, 1979.

D. L. Paletz & R. M. Entman, *Media, Power, Politics*, Cambridge: Cambridge University Press, 1981.

Eric Hobsbawn &Terence Ranger, eds. , *The Invention of Tradition*, Cambridge: Cambridge University Press, 1983.

E. S. Herman & N. Chomsky, *Manufacturing Consent: The Political of Mass Media*, New York: Pantheon Books, 2002.

Fleming W, *Arts and Ideas*, Fort Worth: Holt, Renehart and Winston, Inc. , 1991.

Glenn Jordan & ChrisWeedon, *Cultural Politics: Class, Gender,*

Race and the Postmodern World, Oxford: Blackwell, 1995.

GraceHechinger & Fred Hechinger, *Teen – age Tyranny*, New York: Morrow, 1962.

Guy Debord, *The Society of the Spectacle*, London: Black and Red, 1977.

Hanan Ahmad, *The Media – foreign Policy Relationship: Pakistan's Media Image and United States Foreign Policy*, York: Doctoral Dissertation of York University (Canada) , 2005.

H. E. Bowen, *Images of Women in Tourism Magazines Advertising: A Content Analysis in Travel & Leisure Magazine from 1969 to 1999*, City of College Station: Doctoral Dissertation of Texas A & M University, 2002.

Henry Jenkins, *Textual Poachers: Television Fans and Participatory Culture*, London: Routledge, 1992.

Henri Lefebvre, *The Production of Space*, Translated by Donald Nicholson – Smith, Oxford: Blackwell Ltd. , 1991.

H. J. Gans, *The Messages Behind the News*, Columbia Journalism Review, 1979.

Jacques Derrida, *Positions*, Chicago: University of Chicago Press, 1981.

Jean – Francois Lyotard, *Discourse, Figure*, Minneapolis: University of Minnesota Press, 1971.

Jennifer Richardson, *Image Slavery and Mass Media Pollution:*

Examining the Sociopolitical Context of Beauty and Self Image in the Lives of Black Women, Chicago: Doctoral Dissertation of Loyola University Chicago, 2012.

John Fiske, The Cultural Economy of Fandom, in Lisa Lewis, ed. , The Adoring Audience: Fan Culture and Popular Media, London: Routledge, 1992.

J. Trenaman & D. MeQuail, Television and the Political Image, London: Methuen, 1961.

K. Kreiner, The Age of Supermen: Fascism, Democracy and the Perception of the Heroic in the Mass Media, 1914 – 1945, Washington, DC, New York: Doctoral Dissertation of New York, 2003.

K. R. Moffitt, Images of Black Male Athletes in British and American Newspapers, 1990 – 1999: A Comparative Content Analysis, Washington, DC: Doctoral Dissertation of Howard University, 2001.

Martin Jay, Scopic Regimes of Modernity, Vision and Visuality, edited by Hal Foster, New York: New Press, 1999.

Marita Sturken & Lisa Cartwright, Practices of Looking: An Introduction to Visual Culture, Oxford: Oxford University Press, 2001.

PaulHodkinson, Goth: Identity, Style and Subculture, Oxford: Berg, 2002.

Paul Willis, Common Culture: Symbolic Work at Play in the Everyday Cultures of the Young, Milton Keynes: Open University Press, 1990.

Raymond Williams, The Long Revolution, London: Chatto & Windus, 1961.

R. M. Entman, *Framing: Toward Clarification of a Fractured Paradigm*, Journal of Communication, 1993.

Sandra Gates, *Media Image of the Chief Executive Officer and Financial Reporting Reliability: An Auditor And Investor Perspective*, Phoenix : Doctoral Dissertation of Arizona State University, 2006.

Scott Lash, *Sociology of Postmodernism*, London: Routledge, 1990.

SebastianFoucan, *History——Creation of the Group "Yamakasi" in 1997*, http://tracer2000. free. fr, 2007 - 07 - 02.

Steven Mils, *Youth Lifestyles in a Changing World*, Buckingham: Open University Press, 2000.

S. Thornton, *Club cultures: Music, Media and Subcultural Capital*, Cambridge: Policy Press, 1995.

Stuart Hall & Tony Jefferson eds. , *Resistance Through Rituals: Youth Subcultures in Post - war*, Britain, London: Hutchinson, 1976.

W. A. Gamson, D. Croteau, W. Hoynes, & T. Sasson, *Media Image and the Social Construction of Reality*, Annual Review of Sociology, 1992.

William Fleming, *Arts and Ideas*, Fort Worth: Holt, Renehart and Winston, Inc. , 1991.

W. J. T. Mitchell, *What Do Pictures Want?* , Chicago: University of Chicago Press, 2005.

W. J. T. Mitchell, *What is Visual Culture?*, Irving Lavin. Meaning in the Visual Arts: Views from the Outside, Princeton: Institute for Advanced Study, 1995.

Wolfgang Welsch, *Undoing Aesthetics*, London: Sage, 1997.

Yuya Kiuchi, *The Black Image in the Black Mind: The History of African Americans' Access to Cable Television in Boston and Detroit*, 1963 – 1989, East Lansing: Doctoral Dissertation of Michigan State University, 2013.

后　记

这本书是博士学位论文的一部分，也是 2016 年重庆市社会科学规划项目"打造以移动互联网为核心的现代传播体系"（项目批准号：2016DY10）、重庆第二师范学院校级科研重点项目"'两个舆论场'"结构分化及其对策"（项目编号：KY201507A）、重庆第二师范学院"新媒体传播与网络舆情"科研创新团队（编号：KYC－cxtd03－2017001）阶段性成果。

2011 年，我有幸跨入西南大学新闻传媒学院攻读博士学位，并有幸成为董小玉教授的学生。董老师渊博的知识、严谨的治学态度、开阔的学术视野、娴熟的课件制作技术，深深地影响着我，使我终生受益。尤为让我感动的是，董老师以她独有的精神感召力和人格魅力、丰富善感的心灵滋养、温暖着我的求学历程，不仅令我兼顾工作与学业时充满动力，更成为我生命中最温馨的记忆。感谢恩师在我失意时给我的鼓励，在我懦弱时赐我的勇气，在我自满时敲来的警钟，在我迷茫时送来的扶持，恩师慈母般的关怀和爱意令我此生难忘！

恩师董小玉教授对这份书稿投入了大量精力和时间。从选题、开题、提纲修改到最终定稿，恩师都一丝不苟、无比细致地提出修改意见、反复润色和完善，直至最后成型。书稿的选题论证、调查分析、撰写、修改及润色，得到周安平教授、董天策教授、虞吉教授、涂涛教授、范蔚教授、袁智忠教授、张兴文教授、陶红教授、韩敏教授、赵剑教授、刘丹凌副教授、秦红雨副教授等名师的指导和帮助。他们提出了中肯的撰写建议和修改意见，为我指明研究方向、拓宽写作思路。在此，向他们表达由衷的感激！

西南大学新闻传媒学院浓厚的学术氛围使我受益匪浅。完成书稿的数年里，聆听周欣平研究员、高井洁司研究员、孙绵涛教授、程青松编剧、李喜根教授、李良荣教授、叶郎教授、吉尔·汉伯格·科普兰教授等学术大家和业界专家的真知灼见和精彩创意，使撰写和修改过程获得颇多启发。

在书稿撰写、修改的过程中，得到向玉冰老师、范曦老师、高峰老师和董门同学何健、刘沏雪、徐杉的大力支持。你们对我的写作有直接的帮助，在此表示真诚的谢意！感谢同门师兄伍顺比、董大法、刘义民、毛春、湛玉钊和同门师弟、师妹黄建华、钱庆义、胡晓、宋瑾、王欢、李媛媛等，你们的学习精神和为人处世方式是我学习的榜样。大家在生活上互相关心、在学习中互相启发、在工作上彼此帮携，使我写作和修改阶段的生活、学习和工作充满了乐趣。

特别感谢重庆第二师范学院文学与传媒学院张承凤院长、陈远刚书记、秦波副书记、经济管理学院周平书记、教务处谢峰副处长等党政领导数年来对我的包容与关爱。同时，感谢文学与传媒学院的各位同事！你们分担了许多本应属于我的工作，使我能够获得更多的时间和精力进行研究。在这里，我向你们致以诚挚的谢意！没有你们的宽容与豁达，我是不可能顺利完成学业的。此外，要感谢中共重庆市市委宣传部岳秋波处长、雷志宇处长、王达宗副处长平日里对我学习的鼓励和工作的支持！撰写过程中，还得到兄弟院校同仁的大力支持和鼎力帮助，尤其感谢重庆师范大学新媒体学院院长李明海教授、重庆交通大学唐代虎副教授所给予的热心支持，让我的论文得以顺利完成。此外，感谢李杰和付丹两位同学，你们包容我的任性和不羁，在我最困难的时候倾听各种牢骚、排解各种愤懑。在此致上最诚挚的感谢！

在本书即将付梓之际，衷心感谢我的父母和妻子对我学业和工作的理解和支持；感谢六岁半的女儿对她父亲的容忍，同时向她时不时口中冒出"建构""解构""结构"这样的术语而道歉。感谢我的父母，尤其是我的父亲。在我父亲弥留之际，仍念叨着的仍是我的学业。是你们让我感受到亲情的珍贵，你们对我的爱是我勇往直前的不竭源泉。虽然我的父亲已离我而去，但我仍要将数年来的所学、所成在他墓前汇报以告慰他在天之灵。感谢我的妻子程雪莲女士，是你在我四年的学习过程中默默的付出和支持，使我得以安心学习、潜心研究。如果没有你们，无法想象我如何顺利度过这段艰苦的学习历程。衷心祝愿我的亲人们幸福、安康！

·